GÜTERSLOHER
VERLAGSHAUS

für paula

dada peng

mein buch
vom leben und sterben

Gütersloher Verlagshaus

inhalt

und sollte ich nicht
wiederkehren
von da oder dort
sollte ich nicht mehr
zurückkommen
an diesen ort
so sagt doch allen:
ich bin hier gewesen

who the fuck is dada peng?

als dada peng in diese welt, in dieses leben gefallen war, öffnete er die augen und dachte: wo bin ich? ist das new york? ist es los angeles, kapstadt? wer sind meine eltern? elisabeth taylor und richard burton? grace kelly und rainier von monaco?

doch dann entdeckte er das namensschild der schwester, die ihm aus seiner mutter schoß geholfen hatte: »schwester ute, städtische kliniken dortmund«. als er das las, konnte er nicht umhin und begann erstmal zu schreien.

das ist das erste, was wir alle gemeinsam haben, wenn wir diese welt betreten, und wenn wir erkennen, wer wir sind, beginnen wir zu schreien.

den künsten und der musik zugewandt, mit einer tiefen verbundenheit zur welt, zu fremden ländern und kulturen wurde er mit sechs jahren als erstes im örtlichen fußballverein angemeldet.

im lauf der zeit, an montagen und dienstagen vorbei, lernte er zu laufen, zu singen, zu tanzen und zu saufen. borussia dortmund wurde meister auch ohne ihn, und er fand immer mehr gefallen an seiner inkarnation. der ruhrpott ist seine wiege und erdet ihn bis heute auf eine ganz friedvolle art und weise: curry- wurst pommes, eckkneipe, herrengedeck und an einem regentag auf der b1 im stau stehen, das sind die dinge, die ihn begleiten werden, bis an seinen letzten tag in diesem körper und in diesem leben.

unchristlich, unreligiös, fernab von frem- den welten erzogen, hegt er bis heute eine sehnsucht nach den dingen, die nicht offen- sichtlich sind und die es nicht am kiosk zu kaufen gibt. in seinem beurteilungsgespräch in der zweiten klasse sagte seine lehrerin zu seiner mutter: »er ist sehr wissbegierig, aber manchmal kann ich sein ›warum‹ einfach nicht mehr hören!« und genau dieses »warum« trieb ihn hinaus in die welt. als schüler leb- te er ein jahr in amerika und besuchte dort die maranatha christian high school. solltet ihr die simpsons kennen, so müsst ihr euch die schule ungefähr so vorstellen, als wür- den 25 flanders dort gemeinsam versuchen, 350 bart simpsons zu erklären, dass es evolution nicht gibt und dass man dinge wie homosexuali- tät wegbeten kann. dada peng war ein ganz fa- belhafter bart simpson. er liebte die schule trotz oder wahrscheinlich sogar gerade wegen ihrer skurrilen art. er fand es wunderbar, wenn beispielsweise nach einem footballspiel mit der kompletten mannschaft bei mc donald's eingekehrt wurde, um vor dem verzehr der pom- mes lauthals gemeinsam zu beten. wieder zu- rück in deutschland ließ er sich mit 18 erneut baptistisch taufen und bewahrt diese taufe bis heute im herzen.

die liäson hielt jedoch nur eine verlänger- te liebesnacht, in der dada peng das gesamte neue testament studierte und der person jesu in dieser nacht so nahe kam wie bis dahin noch niemandem zuvor. die beiden haben mehr als nur ein herrengedeck zusammen getrunken, und joints hätten sie wohl auch gemeinsam ge- raucht, aber dada peng hat eine abneigung ge- gen zigarettenqualm und somit auch noch nie dem kiffen nahe gestanden.

mit der zeit wurde dadas religion das reisen, die begegnung mit fremden menschen, fremden kulturen, fremdem essen und fremder musik,

die ihm in mark und bein überging, die er weg
und mit sich trug und bis heute einfach so be-
hält. ganz ohne dafür zu zahlen.

so entstand dieses buch auch auf vier konti-
nenten, in sieben ländern und in zwölf städten. darunter: köln, new york, tokyo, johan-
nesburg, denver, paris, dortmund, hat yai und
castrop rauxel.

in all diesen ländern, städten und gassen,
in allen kaschemmen, in denen er einkehrte,
begegnete ihm immer wieder und immer wieder
gerne der tod und dessen liebe frau, die erika. das mag gar nicht jeder wissen, aber ja,
sie heißt erika.

als dada fünf jahre alt war, starb seine tante
minna, und als er es erfuhr, weinte er. auch
wenn ihm der tod noch nie begegnet war, kannte er ihn gut. er weinte, weil er wusste, dass
dies den menschen um ihn herum zeigen würde,
wie sehr er an ihr gehangen hatte.
auch sein großvater starb und grace kelly und
river phoenix. aber wirklich nahe, so nah,
dass man seinen atem spüren konnte, kam er
dem tod erst, als sein vater »bubi« an krebs
erkrankte. nach nur drei monaten entschloss

sich dadas vater, zu hause, in dadas altem
kinderzimmer eine letzte zigarette zu rauchen, ein letztes tor zu schießen und dann
an einem mittwochabend nach 50 jahren seinen
körper zu verlassen und voranzugehen. dada
war damals mitte 20, und es begann diese eine
liebesnacht mit dem tod, die bis heute nicht
enden mag, und von der erika nur ahnt, aber
nichts genaues weiß.
dadas cousine susanne fiel im gleichen jahr
einfach um und starb. auch seine großmutter
ließ ihr leben in dortmund an einer ecke liegen – im gleichen jahr.

irgendwie fragte sich dada, was es mit dem
tod auf sich hatte. nun hatte er ihn schon
so oft gesehen, immer gut gekleidet, gut gelaunt, attraktiv und zuvorkommend war er gewesen. außerdem erschien ihm die zeit, in der
er seinen vater in dessen letzten tagen und
wochen begleitet hatte, wie ein großes geschenk, so dass er etwas davon zurückgeben
wollte. allerdings nicht alles, nur ein biss-
chen. schon mehr als nur einen krümel, aber
nicht gleich das ganze stück.

und so begann er, für die folgenden drei jahre ehrenamtlich im hospiz in schwerte zu ar-

beiten, einer metropole im ruhrgebiet, nicht
unweit von new york.

er hatte schon fast vergessen, wie gut der tod
küssen kann, als ihn eines sonntags morgens
erika anrief und fragte: »hör mal dada, der
tod ist heute nacht mal wieder nicht nachhause gekommen, läuft da was bei euch?« dada
sagte sofort: »nein, erika, im leben nicht.
ich bin grad mit paula im woyton ...« im selben moment blickte er hinunter und bemerkte
erst dann, dass er paula verloren hatte und
sie leblos auf der straße lag. dada holte
tief luft und sagte zu erika: »erika, doch,
er ist doch hier. warte, ich geb ihn dir.«
dann hob er paula von der straße auf, und sie
starb in seinen armen.

trotz allen wissens um das geschehene, um den
tod und um das leben versank dada in tiefer
trauer. nur die musik, das schreiben, jesus,
guter tee und schlechter wein halfen ihm in
dieser zeit. vieles geschriebene und erlebte
wirst du auf den folgenden seiten wiederfin-
den.

und doch wäre wohl dieses kleine buch, das
du nun in der hand hast, nicht geboren, wenn

nicht auch dadas mutter wenige zeit später gestorben wäre.

so schließt sich der kreis vom kommen und gehen. dort, wo etwas endet, beginnt eine neue welt, ein neuer tag, ein kleines buch.

und vielleicht sitzt nun du zuhause in deiner welt, mit dadas zeilen in der hand, und all das, was er hier schreibt, ist dir bekannt. dann freut sich dada, denn er weiß, er ist nicht allein.

er wünscht dir von herzen, wo auch immer du im leben gerade stehst, dass es dir heute abend gut gehen mag. und von heute an immer, an jedem neuen tag.

den tod gibt es nämlich gar nicht. den hat sich einfach nur irgendjemand irgendwo ausgedacht. aber es gibt ein ende, ein ende von dem hier. ein ende, das nach osten führt oder nach westen, in jedem fall in ein neues land. vielleicht nach spanien oder nach amerika, vielleicht sogar nach new york! zu erfahren, dass dem tod etwas neues innewohnt, das zu sehen und zu fühlen hat dada peng mehr als alles gold geholfen, in diesem leben sein

glück zu finden und zu verstehen, warum all
dies hier passiert und nicht passiert.

genau in diesem wissen lebt er und genau so
wird er auch sterben. an irgendeinem tage,
der heute sein kann, wird er sich aufmachen,
ein letztes glas chardonnay trinken, den
plattenspieler anmachen, eine ihm wohl bekannte melodie spielen und an dich denken.

ja das will er, und das wird er.

preface by dada peng

dieses buch begann mit einer recht simplen notiz bei facebook. meine mutter hatte mir am tag vorher von einem arztbesuch erzählt, bei dem sie mit den worten: »na bei ihnen sieht es aber gar nicht gut aus« empfangen wurde. geendet hatte der termin mit dem ratschlag des arztes: »gehen sie noch einmal ins kino«, als meine mutter nach alternativen behandlungsmethoden fragte.

die ärzte hatten zuvor einen aggressiven brustkrebs bei ihr entdeckt. 42 lymphknoten waren befallen, und die brust musste entfernt werden. nun war die frage, ob meine mutter sich einer chemotherapie unterziehen wolle oder nicht. schulmedizinisch gab es keine große hoffnung, und so versuchte meine mutter alternativen ins auge zu fassen. sich ihnen anzunähern. ein kinobesuch war sicherlich nicht ganz das, an was sie dachte. meine mutter war sehr erschrocken, ängstlich und hilflos, nachdem sie wieder zuhause war.

das mitzuerleben ließ mich nicht los und lässt es bis heute nicht. und so schrieb ich damals folgende notiz bei facebook:

»es gibt in diesen tagen nicht viel, das mich veranlasst zu schreiben. ich genieße einmal einfach die ruhe und den müßiggang. genieße zeit, die vergeht und das gute in ihr. und dann immer wieder durchdringt ein moment all das gewonnene, und ich muss doch sitzen und gewissen gedanken raum verschaffen, die sonst im nichts kauernd nicht lebensfähig wären. ich weiß, dass es schicksale gibt, die viele von uns teilen. trauer, einsamkeit, krankheit. ich selbst habe in diesem leben einen so robusten körper bekommen, dass ich mich jeden tag bei mir selbst für dieses leben bedanken mag und dies auch tue. vielen von euch oder euren lieben geht es nicht so.

wenn nun eine diagnose eintritt, die im allgemeinen als lebensbedrohlich angesehen wird, verändert sich sehr schnell die perspektive, die sicht der dinge. in den vordergrund rückt einzig zu überleben. dieses leben ein wenig länger zu teilen mit all jenen, die zurückbleiben würden.

um dieses primäre ziel zu erreichen, wenden wir uns suchend und hoffend an all jene, von denen wir glauben, dass sie uns helfen können. das ist gut so. hilfe zu erbitten und hilfe zu spenden ist eine ganz wunderbare angelegenheit, ein ganz freudiges unterfangen. und so hat sich im laufe der zeit die sich auf den körper beziehende, manchmal aber auch beschränkende hilfe professionalisiert. und genau in dieser professionalität stoßen auch jene, die helfen wollen, an ihre grenzen. all jene, die da auch nur mensch sind, mit nöten, sorgen, freuden, lastern und begierden stoßen an einen punkt, an dem sie nur noch nach hause wollen, fußball gucken, zur geliebten, zum elternsprechtag.

dann bekommt man ärztliche hinweise wie »gehen sie noch einmal ins kino«, wenn man nach alternativen behandlungsmethoden fragt. dann steht man mit sich selbst, mit dem eigenen schicksal in der stadt, umgeben von dingen, die belanglos und alltäglich sind, in einem meer von hoffen und angst.

und doch gibt es wege, die hinausführen aufs land, in die weite, in eine zukunft, zurück ins leben. fernab von religionen und wunderheilern.

das eigene gefühl, das eigene selbst, das eigene ich, der eigene körper! du selbst weißt, was zu tun ist, was am besten für dich ist. im verhältnis zu der eigenen kreativen macht, der eigenen kraft neu zu schaffen, zu erschaffen, zu kreieren, ist alles, was dir von außen an medizin und gutem getan wird, nichts. es ist nichts. du entscheidest an einem jeden morgen, wie dein leben verlaufen wird, bewusst oder unbewusst. du entscheidest immer. und du kannst dich jederzeit entscheiden zu sterben oder zu leben, ob du krank bist oder gesund, ob du hier bist oder dort. es gibt tage, jahre, an denen ich gar nicht entscheiden mag, an denen ich einfach fließen möchte, aus einem glas hinaus in die stadt bis hin ans meer. und dann gibt es doch wieder tage, an denen du und auch ich einfach entscheiden müssen. tage, an denen sonst andere über die richtung unseres lebens entscheiden. durch eine diagnose, durch ein urteil, indem sie dir die macht und kraft über das eigene leben absprechen. nicht aus boshaftigkeit oder eigennutz, einfach nur, weil sie es nicht besser wissen.

wir besitzen von geburt an alle weisheit und alles wissen dieser welt. »kein molekül geht jemals verloren«, wie es helmut schmidt nach dem tod seiner frau loki sagte. und dies ist aus biologischer sicht genauso richtig wie aus geistiger. unser aller leben ist eins, verbunden durch die gezeiten, durch naturgesetze, durch geburt und tod.

solltest du nun also in deinem leben an einer weggabelung angekommen sein, an der du nicht weißt, welchen der beiden wege du gehen sollst, da dir deinem gefühl nach keiner der beiden zusagt, so baue eine neue straße.

du bist nicht allein. du bist nicht der erste. du bist nicht der letzte.

was ich hier gerne möchte, ist, dir die macht und verantwortung über das eigene schicksal, über das eigene leben wieder dort hinzulegen, wo sie hingehören, in deine eigenen hände. denn es kommt immer ein neuer tag. hier, aber auch dort drüben.

stehst du nun vor einer diagnose, vor einem urteil, so entscheide selbst, was du damit zu tun vermagst.

hab mut, wenn du mut haben magst. geh aufrecht, wenn du aufrecht gehen magst. blick nach vorn, wenn dir danach ist. esse, saufe, rauche, glaube, hoffe, liebe, lebe, wenn du fühlst, dass du dies tun sollst, tun möchtest, noch nicht fertig bist.

und wenn du ganz bei dir, ganz ohne hadern, einfach nur bei dir und in einem garten in den himmel blicken magst, auf das vergangene zurückblickend und auf nichts mehr wartend, wenn dir danach ist, so tue auch das.

aber was immer du tust, tu es von ganzem herzen. auch das saufen, auch das rauchen.«

soweit die notiz bei facebook.

meine mutter ist drei monate später, am 13. juni 2011, gestorben. sie war dann nicht mehr im kino, und sie hat auch diese notiz nie gelesen.

heute, da das verfassen dieser notiz auch schon über ein jahr her ist, bemerkte ich, dass der wunsch in mir gereift ist, die angesprochenen themen weiter auszuführen. ich schreibe hier ein buch, in dem die dinge zum ausdruck kommen, von denen ich gehofft hätte, dass meine Mutter sie gehört hätte, oder dass sie jemand mir als angehöriger gesagt hätte. in der letzten zeit habe ich so viele gespräche mit freunden, bekannten und fremden geführt, die mich in dem vorhaben, ein buch zu schreiben, bestätigt haben, so dass ich es hiermit jetzt ganz einfach tun mag.

trauer und liebe verbinden und kennen keine grenzen, keine religionen, keine sexuelle ausrichtung, keine hautfarbe, keine unterschiede. sie kennen nur das, was uns gemein ist.

und wenn ein ladyboy in thailand um seinen geliebten trauert, dann fühlt er das gleiche wie eine mutter, die nach dem krieg in berlin um ihren gefallenen, geliebten sohn trauerte.

über den tod redet man gemeinhin nicht. er gilt für viele als tabu. einiges lässt sich dem umfeld eines sterbenden, eines trauernden nicht erklären, sofern noch keine ähnlichen erfahrungen gemacht wurden.

als mein vater an krebs starb, fiel es vielen meiner freunde schwer nachzuvollziehen, was ich da plötzlich von jetzt auf gleich erlebte. bisher waren wir fünfmal die woche gemeinsam in clubs unterwegs gewesen, ich war moderator im kinderkanal und fuhr die meiste zeit mit meiner besten freundin mit dem cabrio durch dortmund und ging shoppen.

aber der tod begegnet uns überall, zu jeder zeit und immer. und ich möchte behaupten, das ist auch gut so. deshalb will ich den tod auch mit auf all jene tanzflächen zerren, auf denen ich am wochenende tanze. nicht, um dort angst und schrecken zu verbreiten, aber um ihm discofox beizubringen.

die texte zu diesem buch entstanden durch eintragungen in meine notizbücher, durch das eintippen als notiz in mein handy und durch dieses einmalige phänomen, das man leben nennt.

und ich würde mich sehr freuen, wenn du dieses buch nimmst, es liest, vollschreibst und es dir zu eigen machst – wenn du mein buch vom leben und sterben zu dem deinen machst.

the inner beauty
needs no lipgloss
but every life
it has 2 end

eine meiner lieblingsautorinnen ist iyanla vanzant, eine absolut durchgeknallte afro-amerikanerin, die eigentlich rhonda harris heißt. als sie sich eines tages von einem afrikanischen wahrsager aus hühnerknochen lesen ließ, kam heraus, dass ihr eigentlicher name iyanla ist. und seitdem nennt sie sich iyanla und schreibt bücher. und bevor ihr fragt, nein, dada peng ist mir nicht aus hühnerknochen gelesen worden ... eines ihrer bücher »one day my soul just opened up« habe ich damals verinnerlicht. ich habe es gelesen, getragen, geteilt, und ich habe es vollgeschrieben.

deshalb möchte ich auch dich einladen, am ende eines jeden kapitels deine gedanken festzuhalten und aufzuschreiben. wir begeben uns somit auf eine gemeinsame reise, die jetzt und hier beginnt und irgendwann irgendwo endet. genauso wie unser leben es auch tun wird. und wie nun hier am ende eines jeden kapitels haben wir auch unser leben selbst in der hand, wie wir unsere geschichten schreiben wollen, und jeder tag ist eine neue leere seite, die es zu füllen gilt.

Also, wenn du magst, nimm einfach meine hand und lass uns beginnen. wir beide springen.

dada
peng
geschichten

dann starb whitney houston und war einfach nicht mehr dada

mittlerweile glaube ich, dass das sterben das größte geschenk ist, das uns menschen gegeben wurde. es reinigt, erneuert, befreit und macht uns alle gleich. der tod ist nicht feind, er ist freund, geliebte und ein kamerad. egal, welcher religion wir uns zugehörig fühlen, egal, ob wir an ein leben nach dem tod glauben oder daran, dass uns diverse jungfrauen im jenseits erwarten oder dass wir wiedergeboren werden, all diese überzeugungen und hoffnungen werden am ende in nur einer wahrheit münden: uns allen wird das gleiche geschehen. wir alle gehen denselben weg, den unsere vorfahren gegangen sind und den nach uns unsere kinder gehen werden. es ist auch egal, was du erreicht hast im leben. egal, welche mutter dich geboren hat und egal, wie lange dein leben in jahren gedauert haben mag. wenn es dann soweit ist, werden wir alle einfach gehen.

so erging es meiner tante minna, meinen großvätern, meiner großmutter, meiner cousine, meinem vater, meiner mutter, meinem hund pau-

la, und so erging es auch whitney houston.
denn auf einmal war auch sie einfach nicht
mehr dada.

was bleibt, das sind bäume, städte, winde, mee-
re und der himmel. was bleibt, ist unsere welt.
wir sind zu gast in dieser welt. sie gehört
uns nicht, und wir können sie im moment des
todes nicht festhalten. wir werden gehen.

wenn ich mir in köln die eigelstein-torburg
ansehe und darüber nachdenke, wer schon zu
welchen zeiten genau an dieser stelle vor-
beiflaniert ist, vielleicht vertrieben oder
besiegt wurde, dann erkenne ich meinen platz
in dieser welt und auch, wie klein er ist.
und ich erkenne, dass ich nichts tun und erreichen kann, um diesen platz aufzuwerten,
ihn größer oder bedeutsamer zu machen. und
genau in dieser unbedeutsamkeit sind wir alle
gleich. und darum sollten wir uns einfach darüber freuen, dass wir gemeinsam gerade jetzt
in dieser welt leben.

wenn du dir dein direktes umfeld, deinen um-
kreis ansiehst, in dem du lebst, dann sind es
doch sehr wenige menschen, die dir wirklich
nah sind. von allen menschen, allen zeiten,

allen orten auf der welt bist du gerade nur
dort, wo du bist und teilst deine zeit mit
diesen wenigen.

das zu begreifen, war für mich ein großes geschenk und das vorangehen von vielen mir am
herzen liegenden menschen hat mir sehr geholfen, genau dieses zu fühlen.

und wenn du mich jetzt fragen möchtest, ob
ich gläubig bin: ich habe in meinem leben so
ziemlich jede religionsgemeinschaft zumindest einmal besucht. und ich habe in keiner
religion die weisheit, liebe und verbundenheit gefunden, wie ich sie in musik, gutem
essen oder einem glas wein, frisch gebrühtem
tee oder in einer schale pommes fand. und
es gibt einen satz, der in fast allen religionen sehr gerne gesagt wird: wenn du er-
kennst, dass du bedingungslos geliebt wirst,
dann bist du frei. und genau das ist der satz,
den ich nicht laut genug in alle kirchen und
moscheen, in alle länder und familien hinein-
rufen und singen kann.

gott, lothar matthäus, oder wie auch immer du
denjenigen nennen magst, liebt dich bedingungslos, auch wenn du sex vor der ehe hast,

arm bist, verlierst, frau bist oder schweine-
fleisch isst. soweit ich es nach meiner erfahrung mit dem leben sagen kann, interessiert all das weder lothar matthäus noch gott
noch denjenigen, der dich liebt. es interessiert ihn nicht einmal, ob du mordest, ob du
ein dieb bist oder ein held, ob du fett bist
oder dünn.

er interessiert sich nur für dich. egal, wer
du bist, was du arbeitest, ob du alten menschen
den hintern abputzt oder drogen von mexiko in
die usa schmuggelst. er liebt dich halt, egal
wie gut oder scheiße du auch bist. er hatte
hitler genau so lieb wie ghandi, den mann, der
meinen hund überfahren hat, genauso lieb wie
marilyn monroe und dich ganz so wie mich.

es gibt nichts, das ich tun oder lassen kann,
das den wert meines lebens in irgendeiner
weise verändert, weder in die eine noch in
die andere richtung. das heißt: ich bin frei.
absolut frei, genau das zu tun, was mir am
herzen liegt, das zu tun, was immer mich ganz
persönlich glücklich macht.

in diesem buch möchte ich dir erklären, warum
ich glaube, dass wir eine neue einstellung

zum tod finden sollten. warum wir ihn ge-
sellschaftlich nicht an den rand, sondern
genau in die mitte stellen sollten. denn es
gibt nur zwei dinge, die wir alle gemeinsam
haben: geburt und tod — anfang und ende unserer zeit.

was dazwischen liegt, das ist leben. für
jeden menschen anders. die geburt wird als
wunderschönes erlebnis dargestellt, als freudiges ereignis gefeiert. beim tod ist das
ganz anders. er wird als sensenmann porträ-
tiert, als dunkel und schlecht beschrieben.
meiner persönlichen erfahrung nach und der
von erika ist aber diese darstellung nicht
korrekt.
der tod ist eine sehr existenzielle und dabei
sehr emotionale erfahrung, ganz wie die geburt. er kann nach meiner überzeugung nicht
dunkel sein, denn während des sterbens gibt
es ganz bestimmt auch helle, unendlich le-
bendige momente, wie es sie zu anderen zeiten
des lebens selten, vielleicht auch nie gegeben haben mag.

wenn wir die angst vor dem tod verlieren,
wenn wir genau hingucken und -fühlen, dann
erfahren wir ihn vielleicht auf einmal als

frau und mutter, als adonis oder zumindest als einen guten freund. wir müssen einfach nur da sein und fühlen, hinschauen und zuhören, das sterben quasi aus dem dreck herausheben und beginnen, es zu akzeptieren.

wenn wir erkennen, dass wir unseren eigenen wert nicht verändern können, dann können wir vor allem eins: ehrlich sein. ein gefühl haben wie nachts an der côte d´azur nackt betrunken baden zu gehen und einfach dem horizont entgegen, auf einen vollen mond zuzuschwimmen.

so möchte ich heute ganz einfach sagen: »der schlimmste schmerz von allen, das war der, als mein hund mir genommen wurde. nur da fühlte ich mich, als sei mein herz zerrissen. als aber meine mutter starb, fühlte ich mich frei. so frei, wie ich noch nie im leben war.«

du liest in diesem moment meine gedanken. und genau das verbindet uns beide. ob du mir zustimmst oder nicht, ob du mich magst oder nicht, das spielt keine rolle. es ist und bleibt, wie es schon immer war. unser weg ist gleich. er ist es sogar für madonna, und er war es auch für whitney houston ...

schreib mich voll, mein baby, mein schatz!

du bist der mensch, der mir am herzen liegt
und bereits vorgegangen ist. an dich möchte
ich mich gern erinnern:

heute am _____ denke ich über das sterben:

heute am   denke ich über das leben:

primadonna girl

als ich diesen song zum ersten mal hörte, musste ich sofort an eine dame denken, die ich während meiner zeit im ilse maria wuttke-haus (dem hospiz in schwerte) kennengelernt hatte.

das ilse maria wuttke-haus ist ein einfamili-enhaus mitten in einer bürgerlichen wohnhaus-siedlung in schwerte. es gibt dort fünf ein-zelzimmer, eine küche, einen aufenthaltsraum und einen sehr schönen garten. die schwestern dort habe ich immer als sehr kompetent und be-müht kennengelernt, aber nicht als übermäßig spirituell oder gar religiös. und ich hoffe, sie nehmen es mir nicht übel, aber es gehört zu dieser geschichte: die heißesten make-up-trends und die neuesten modischen highlights der new york fashion-week waren bei diesen damen im hospiz nicht unbedingt tagesthemen. die frau, die mir bei dem song einfällt, war also eine der bewohnerinnen dort.

auch sie war todkrank wie jeder bewohner des hauses, und sie wusste, sie würde ihre letz-ten tage nun hier verbringen. als nach den

ersten zwei oder drei tagen ihres aufenthalts dort eine der schwestern sie fragte, ob sie sich etwas wünsche, ob wir etwas für sie tun könnten, schaute sie hoch und sagte: »ich sehe so beschissen aus! ich würde mich sehr gerne schminken, denn so möchte ich nicht sterben! aber ich glaube, meine tochter hat mein ganzes make-up in meiner wohnung gelassen. könnten sie mir vielleicht mit ein wenig mascara, make-up und lippenstift aushelfen? ich wäre ihnen sehr dankbar.«

die anwesenden schwestern blickten sich gegenseitg etwas hilflos an, bis nach einigen sekunden die hospizleiterin sagte: »also, ich glaube bei unseren schwestern hier im haus dürften wir bei der suche nach make-up kein glück haben.« und der blick aller anwesenden wanderte zu mir, der ich in meiner neuen dolce und gabanna-jeans mit glitzer, meinen prada-turnschuhen und meinem weißen hugo-shirt mit einem neuen kopfkissenbezug neben dem bett stand. mit 27, als moderator beim KiKa und auch sonst eher an party und klamotten interessiert, war ich natürlich schon eine art exot in der ganzen hospizbewegung.
»also bitte ... mich braucht ihr auch nicht anzugucken ... make-up hab ich auch nicht«,

sagte ich nur leicht irritiert. »aber ich kann ganz sicher etwas besorgen.« und so fuhr ich los ...

die dame bekam dann ihr make-up, um sich selbst für den letzten tanz, den letzten gang, den letzten blick in den spiegel herzurichten. und noch heute erinnere ich mich sofort wieder daran, wenn ich den song »primadonna girl« höre. ich denke an die frau, und sie ist nicht vergessen.

nachdem mein vater gestorben war, hatte ich das bedürfnis, mich mit sterbenden menschen zu umgeben. sie zu begleiten und mit trauernden gemeinsam den verlust, den wir erlitten hatten, zu beweinen. so brachte mich mein weg ins hospiz. ich hatte jahre zuvor einen bericht über nina hagen gesehen, in dem sie ein hospiz besuchte. sie ging einfach ganz ungezwungen an die betten der sterbenden und sagte »haaaaaallloooo grrrrr.....niiiiinaaaa ist daaaa«. ich fand diesen kontrast von leben und sterben so berührend und ehrlich, dass ich schon damals wusste, dass auch mein weg mich einmal in ein solches haus führen würde. genau diese situation hatte ich stets sehr nahe bei mir getragen, und als ich auf

der suche nach einer gemeinschaft mit trauernden war, kam sie mir wieder in den sinn.

und so fuhr ich eines morgens in meinem schicken fiat cabrio einfach vor das ilse maria wuttke-haus, klingelte und sagte zu der schwester, die die tür öffnete: »ich würde mich gerne ehrenamtlich betätigen und dachte, dass sie vielleicht noch bedarf an mitarbeitern haben!?«
»öhm, ja ... dann kommen sie mal rein«, sagte sie etwas ungläubig, und dann begann eine sehr schöne zeit für mich. und ja! man kann eine schöne zeit im hospiz haben.

natürlich war es anfangs nicht einfach. die erste bewohnerin, zu der ich kontakt hatte, war 30 und lag mit einem gehirntumor im sterben.
ich habe dort auch eine frau gesehen, in deren zimmer man nie das fenster öffnen durfte, damit keine fliegen hinein konnten, weil diese in ihrer offenen wunde im gesicht eier hätten legen können. ich kann dir natürlich nicht sagen, wie sich diese frau gefühlt haben mag. ich stand neben ihr, und doch weiß ich es nicht. wenn ein mensch so entstellt ist, fällt es einem sehr schwer, nicht hin-

zustarren. und so habe ich auch versucht, an ihr vorbeizusehen, als ich ihr ein glas wasser reichte. doch es gelang mir nicht.

und als ich sie dann wirklich ansah, da fand ich sie schön. ganz ehrlich, scheiß was auf heidi klumm, auf gemachte titten und auf n sixpack. ich meine, auch ich drehe mich so oft um äußerlichkeiten. wie oft ich mir schon am liebsten das fett hätte absaugen lassen.

aber dieses gesicht mit dieser offenen wunde und dem fliegenschutz über die haut gespannt, es hatte wirklich eine schönheit, die das alltägliche übersteigt. ich kann auch dir nur wünschen, so etwas schönes einmal selbst anzusehen, es wahrzunehmen.

ich erlebe noch heute, dass, sobald ich das wort hospiz erwähne, die köpfe nach unten gehen, die stimmen leiser werden und die menschen die schultern hängen lassen. und genau dazu habe ich eine riesenbitte: lasst das sein!!

hospize rocken nämlich. ganz ehrlich. dagegen kann jedes madonna-konzert einpacken. da sitzt diese verängstigte, alte dame mit ihrer offenen wunde und den geschlossenen fenstern

einfach nur da und strahlt all das aus, was sich madonna ihr leben lang gewünscht hat und es womöglich nie erreichen wird.

ein hospiz ist ein hospiz ist ein hospiz, und im rewe kannst du ganz genau so umfallen und einfach sterben. und trotzdem rennen alle hin und kaufen sich ihr kölsch, ihr astra bier oder ihren martini.

ein bewohner des hospizes wurde einmal in meinem beisein gefragt: »wie fühlt es sich eigentlich an, wenn man weiß, dass jeder tag der letzte sein kann?« daraufhin antwortete er nur: »und wie fühlt es sich an, wenn man so tut, als könne er es nicht?«

auch heute ist es noch so: immer wenn ich »mein« hospiz in schwerte besuche, empfinde ich diesen ort als einen ganz lebendigen platz, an dem der tod zum alltag gehört. es gibt dort so schöne rituale, so z. b.: immer wenn ein bewohner stirbt, wird im hausflur eine duftkerze angezündet, und das ganze haus riecht nach limone. ich finde das sehr schön. hinzu kommt, dass jeder sterbeprozess eine solche bandbreite an gefühlen vermittelt, wie sonst nirgends im leben. das finde ich toll.

cause i'm a
primadonna girl,
all i ever wanted
was the world,
i can't help but
i need it all, the
primadonna life,
the rise and fall

by marina and the diamonds

ich weiß noch, wie ich einmal einkäufe zu erledigen hatte. als ich wieder zurück ins hospiz kam, war eine bewohnerin gestorben, und der bestatter bereits da. der sarg stand im hausflur direkt vor dem hauseingang. als ich nun ins haus eintreten wollte, blieb mir nichts anderes übrig, als über den sarg hinüberzusteigen. meine etwas zu enge jeans machte dies zu einem nicht einfachen unterfangen. da sie jedoch zu 50 % aus stretch-material bestand — das war damals total in —, dachte ich, ich schaffe diesen »spagat«. als ich jedoch mit dem rechten bein schön herübergefunden hatte, ging es irgendwie nicht weiter. und noch immer hielt ich drei schwere einkaufstaschen in den händen. ich musste die hospizleiterin um hilfe bitten. sie blickte mich an und fragte grinsend: »und? alles bekommen?« meine antwort: »es gab keine wassermelone!« plötzlich dann erkannten wir, in welch skurriler situation wir waren und begannen einfach zu lachen. und ich meine gespürt zu haben, wie es auch in dem sarg unter mir schmunzelte. ja, im hospiz wird gelacht. es wird dort auch geweint, ja. es wird halt gelebt und gestorben.

mein lustigstes, aber mich auch nachdenklich machendes erlebnis verdanke ich einem mit-

te-80jährigen bewohner des hauses, dem ich
etwa drei tage, bevor er starb, begegnete.
ich hatte gerade wäsche aus dem benachbar-
ten krankenhaus, die dort immer zur reinigung
gebracht wurde, abgeholt und legte diese im
wohnzimmer ab. eine der schwestern begrüßte
mich und sagte: »ach gut, dass du da bist! ich
müsste für zehn minuten in den keller. vielleicht kannst du ja mal herrn jalinek fragen,
ob er etwas trinken möchte. es ist alles ruhig und bei jeglicher art von notfall, schrei
einfach.«

ich hatte herrn jalinek bisher nur zweimal
kurz gesehen und freute mich darauf, nun ein
paar minuten mit ihm gemeinsam verbringen zu
können. so unterschiedlich unsere lebenswege
auch waren, nun hatten sie uns zusammenge-
führt. ich fand die gespräche mit den hospiz-
bewohnern immer sehr spannend. viele freuten
sich, über ihre kindheit und jugend erzählen
zu können. über ihre erste liebe, über die
kriegstage, über ihre träume und hoffnungen.
das sind geschichten und zeugnisse vergange-
ner tage, die ich bis heute sehr dankbar in
mir trage. denn eines tages werde ich vielleicht das glück haben, einem jungen mann,
einer jungen frau auf meinem sterbebett da-

von zu erzählen, wie ich mein erstes buch
schrieb, oder karneval als »danger dada« ver-
kleidet war oder wie ich es liebte, allein
nachts durch köln zu laufen.

ich betrat also herrn jalineks zimmer und
sagte: »herr jalinek, hallo! können sie sich
noch an mich erinnern? ich war schon ges-
tern einmal hier.« er blickte auf und begrüßte mich herzlich. er war sehr schwach, zu
sprechen fiel ihm schwer, nahrung aufnehmen
konnte er nur noch in flüssiger form. es gab
sehr wenig, womit man ihm eine freude hätte
bereiten können. das bett aufschütteln, einen nassen waschlappen auf die stirn legen
und die lippen mit wasser befeuchten. das war
auch schon fast alles. so fragte ich ihn einfach: »herr jalinek, kann ich ihnen irgendetwas gutes tun? möchten sie etwas trinken
oder einen feuchten waschlappen auf die stirn
vielleicht?«
er blickte mich an und sagte: »ja.«
ich wiederholte meine frage kurz: »etwas wasser?«
er verzog ein wenig das gesicht und erwider-
te: »nein, eincremen bitte.«
»aber gerne!« entgegnete ich. »wo denn? an
den schultern, oder die hände?«

»nein« sagte er recht klar, »da unten am penis, das juckt so.«

»okay,« dachte ich nur. »wie kommste jetzt nur aus dieser nummer raus?«

»öhm herr jalinek, die schwester ist gleich wieder da.«

»aber es juckt so« — »öhm ... okay ... außerdem weiß ich gar nicht, wo die creme ist.«

herr Jalinek hob die rechte hand und zeigte auf das fensterbrett: »da, am fenster ...«

ich schaute zum fenster, und dort stand sie tatsächlich. gerade, als ich auf dem weg in den hausflur war, um »notfall« zu schreien, verzerrte er wieder schmerzlich das gesicht.

also hielt ich an und dachte: »warum bin ich hier?« die antwort war mir klar: »um sterbenden auf ihrem letzten weg zu helfen.« und das beste und einzige, was ich nun tun konnte, um herrn jalinek zu helfen, war, ihm seinen penis einzucremen. also zog ich mir ein paar einweghandschuhe über, nahm die creme, fragte ihn nochmals kurz, ob es okay wäre, wenn ich ihn jetzt eincreme und tat es dann einfach. während ich ihn eincremte, sagte er dann auch noch zu allem überfluss: »oh das ist so schön«.

genau in diesem moment musste ich an shirley mclaine denken, wie sie in meinem lieblingsfilm »sweet charity« mit einem bier bei vittorio vidali im wandschrank sitzt und singt »if my friends could see me now«.

und doch war es ein sehr interessanter und bewegender moment, weil ich erkannte, dass unser körper bis zuletzt imstande ist, uns wunderbare momente zu schenken. und dass eine einfache berührung eine ganz große freude darstellen kann. viel mehr noch als wilder sex auf einer disco-toilette, habe ich mir sagen lassen.

so blicke ich heute auf meine zeit im hospiz viel mehr lachend als traurig zurück. es gibt mehr beglückendes, das ich dort erlebt habe, als bedrückendes.

und so würde ich mir wünschen, dass sich viele junge menschen auch aus dem nachtleben heraus in ein hospiz wagen würden, um dort zu lachen, um sich beglücken zu lassen. und um make-up dabei zu haben, wenn es von einem »primadonna girl« gebraucht wird.

das video zu der »**primadonna girl**«
version von dada peng feat.KLARA
findest du unter **www.meinbuch.tv/video**

schreib mich voll, mein baby, mein schatz!

falls du jemanden verloren hast, so erinnere dich hier an den tag, an dem er starb, schreibe seinen name auf, zünde eine kerze an und trink ein glas sekt auf diesen tollen menschen und darauf, dass ihr euch begegnet seid.

lieber / liebe _____, ich trinke auf dich, denn:

falls du gerade selbst im begriff bist, dein leben zu verlieren oder falls du dir gedanken um dein eigenes sterben machst, sei es noch ganz fern oder schon sehr nah, erhebe doch einfach dein glas und trink auf dich und dein leben, das es so nie zuvor gab und nie mehr so geben wird. freu dich über das von dir bereits erreichte und sei stolz darauf! und erinnere dich auch an das, was dich fertig gemacht und um den schlaf gebracht hat. erinnere dich an die dinge, die dir immer im herzen bleiben werden, seien sie positiv oder auch negativ:

falls du schon immer mal jemanden so richtig
zur sau machen wolltest, falls es etwas oder
jemanden gibt, das oder der dir so tief im
herzen sitzt, dass du daran ersticken könn-
test, so schrei es ganz einfach hier hinaus,
es ist dein buch, es hält das aus, so, wie du
es auch ausgehalten hast:

du schwein, du sau   ,
mein leben lang ...

und jetzt atme und verweile, weine und lache,
bete oder koche, rauche oder tue ganz einfach
nichts.

wie ein eiswürfel
mein leben
veränderte

ich bin kürzlich in köln jemandem begegnet, der ziemlich gleiche erfahrungen gemacht hat wie ich. wir dachten über das leben und auch über den tod ähnlich, und zwar so, wie ich es zuvor kaum mit einem anderen Menschen erlebt hatte. wir unterhielten uns stundenlang, philosophierten und kannten jeweils alle bücher, die der andere zuvor gelesen hatte. nachdem wir uns verabschiedet hatten, überkam mich der gedanke, dass der typ ja doch schon ein wenig abgedreht sei und nen leichten lattenknall haben müsse, bei dem, was er so von sich gegeben hatte. und dabei war es genau das, was ich dir hier in meinem buch erzähle. also darfst du durchaus denken, dass auch ich einen leichten knall haben muss ☺.

ich kann dir nicht sagen, wie oft ich mir gewünscht habe, einfach nur dumm und dünn zu sein. nicht in einem eiswürfel oder an einer straßenkreuzung etwas zu entdecken, das mich berührt – und vor allen dingen nicht immer wieder dem tod zu begegnen.

als meine mutter krank wurde, dachte ich wirklich: nee, ne! das passiert jetzt einfach nicht. ich packte ihre diagnose einfach in eine schublade, verdrängte sie. mein größter wunsch war es, wenn dies nun wirklich passieren sollte, wenn meine mutter an krebs sterben sollte, dann möchte ich auf der stelle nach amerika abhauen und erst dann zurückkommen, wenn alles vorbei ist.

und dann passiert einem dieser sommer, er geht einfach vorbei, und im darauf folgenden frühling sitzt man da und hat das furchtbare hinter sich. man hat es überlebt, und es sind dinge mit einem geschehen, die verrückt und kaum zu begreifen sind. man möchte sie erklären und kann es nicht. man nimmt sie einfach mit, man bleibt mit ihnen zurück, und die welt dreht sich weiter.

ein besonderes erlebnis war beispielsweise, als ich in meiner kleinen wohnung in köln eines abends saß, musik hörte und versuchte zu verstehen, was da mit meiner mutter geschah.

and if icecubes
will fall down,
heavensent, i
will pick them up
and put them into
your glühwein,
for the end, it
has no end

MERRY—LIFETIME baby

XMAS 2011 VIVA COLONIA

ich überdachte wirklich an diesem abend mein gesamtes weltbild und versuchte zu kapieren, was während des sterbens eigentlich passiert, inwiefern ein körper hülle oder rückstand bleibt. ich weiß gar nicht mehr genau, in welchem krankheitsstadium meiner mutter oder zu welcher zeit dieser abend war. vielleicht drei oder vier wochen, bevor sie starb.

ich wollte mir einen gin tonic mixen und hatte weder eis noch zitrone im haus. so ging ich hinüber zum rewe und kaufte diese riesenbeutel mit eiswürfeln drin und auch gleich mehrere zitronen. zuhause wollte ich dann den eisbeutel in mein viel zu kleines eisfach pressen, was natürlich nicht klappte. also nahm ich ein paar würfel aus dem beutel, warf sie in die spüle und presste dann zufrieden den beutel ins eisfach.
ich mixte mir meinen gin tonic, legte irgendeine musik auf, ich glaube, es war »buddha bar« oder etwas ähnliches. dann wollte ich noch das licht in der küche dimmen, als mein blick auf die spüle und die darin liegenden eiswürfel fiel. ich lehnte mich an den schrank, mit meinem gin in der hand, mit musik auf den ohren und beobachtete, wie die

eiswürfel schmolzen. einen davon ganz besonders. ich nannte ihn harry. harry verlor sehr
sanft seine form. ganz so wie der körper meiner mutter.
ich stand da und schaute, trank und atmete,
bis harry völlig seine form verloren hatte
und im ausguss verschwunden war. genau so,
wie auch der körper meiner mutter verschwinden würde.

ganz leise flüsterte ich: »adieu harry« und
überlegte: »wie tötet man eigentlich einen
eiswürfel?« klar, man kann ihn zerstoßen,
ihn schmelzen lassen, aber dann ändert er ja
nur seine form, dann ist er halt wasser –
und dann? wie tötet man wasser? man kann es
kochen, bis es verdampft, aber dann ist es
trotzdem nicht weg, sondern wasserdampf. und
wie tötet man wasserdampf? egal, was man auch
tut, man kann die form des eiswürfels verändern, aber man kann ihn nicht töten. man kann
es nicht schaffen, dass die moleküle, die ihn
ausmachen, die ihn existieren lassen, nicht
mehr da sind.

und plötzlich verstand ich: harry lebt!

und genau so ist es auch bei dem körper meiner
mutter. und bei meinem körper und bei allem,
was da ist und lebt.

du wirst vielleicht irgendwann selbst erfahren, dass es ein unterschied ist, solche dinge irgendwo zu hören, zu lesen und sie als
logisch und gut zu erachten oder sie selbst
zu erleben.

dieser moment hat jedenfalls mich etwas,
das ich bis zu diesem zeitpunkt nur geglaubt
habe, »erfahren« lassen. und so war der augenblick , den ich in der küche stand und beobachtete, wie ein eiswürfel, dem ich einen
namen gegeben hatte, schmolz, ein besonders
wichtiger moment in meinem leben.

womit wir wieder beim anfang der geschichte
wären: wenn mir das jemand anderes erzählt
hätte ...

aber so ist es geschehen, und so mag ich es
dir erzählen.

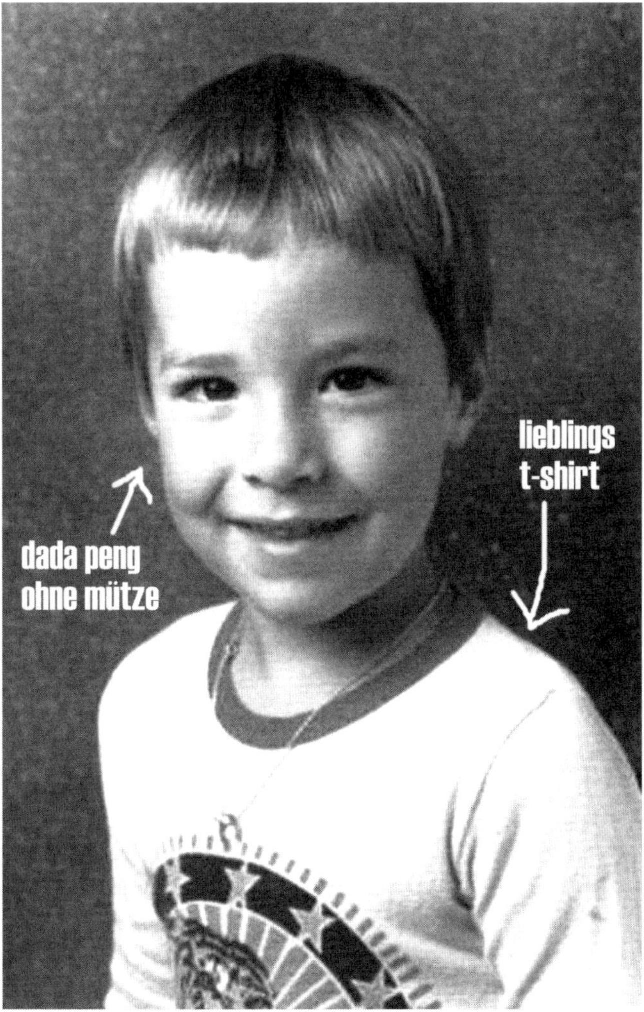

dada peng
ohne mütze

lieblings
t-shirt

beschreibe einen moment in deinem leben, in dem du etwas nicht erklärbares erlebt oder gefühlt hast. sei es während einer eigenen krankheit, sei es, als du jemanden begleitet hast oder auch nachdem du jemanden verloren hast:

das erlebte erklärst du dir so, auch wenn es
wahnsinning, dumm oder naiv, schräg oder verrückt klingen mag:

bitte geh du
eine tasse
darjeeling trinken ...

es gibt viele gut gemeinte ratschläge und floskeln, die auch in schwierigen lebenslagen immer wieder gern zum einsatz gebracht werden. so sagten meine freunde in den letzten lebenstagen meiner mutter immer wieder zu mir: »es ist doch so schön, dass du jetzt bei deiner mutter bist, das freut sie und macht es ihr vielleicht ein wenig leichter ...« ich fühlte mich bei diesen sätzen regelmäßig mies, denn ich wünschte mir wirklich nichts mehr, als einfach nur nachhause zu fahren, mich auf ein kölsch im biergarten zu treffen und meine mutter alleine zu lassen.

bei meinem vater war es damals ganz anders. an seinem bett wollte ich sitzen und wache halten. nächtelang habe ich einfach nur neben ihm gesessen und aufgeschrieben, was ich fühlte, habe seine hand gehalten und genau das auch selbst als tröstend empfunden.

bei meiner mutter hatte ich eigentlich nur das gefühl, ich geh' ihr auf den sack.

doch dazu zu stehen und es laut auszusprechen, war in der situation irgendwie nicht möglich. wenn ich nur andeutungen in diese richtung machte, so hieß es nicht selten: »jede mutter freut sich doch, wenn ihr kind da ist.« und heute möchte ich voller befreiung und freude laut rufen: nein, das tut sie nicht! und das muss sie auch nicht! das hat sich irgendwann mal irgendwer ausgedacht, und seitdem wird es von generation zu generation weitergegeben, ohne genauer hinzusehen, ob das mit der eigenen realität übereinstimmt oder eben nicht. unser bauchgefühl täuscht uns nicht. wenn wir ganz ehrlich zu uns selbst sind, dann können wir ihm vertrauen.

meine mutter hatte so viel mit sich selbst zu tun, als sie auf einmal bemerkte, dass sie vorangehen muss, dass es ab hier kein zurück mehr gibt, dass ihr bindungen wie zu einem partner, zum sohn und auch die mutterrolle völlig gleichgültig wurden.

den letzten weg, also das letzte stück, wenn man seine augen schließt und sich aufmacht, um loszugehen in dieses neue unbekannte land, den gehen wir halt alle alleine. da kann uns dann niemand mehr begleiten.

schon in meiner zeit im hospiz sind mir immer
wieder hinterbliebene begegnet, die völlig
verzweifelt waren, da sie nacht um nacht am
bett ihres sterbenden mannes oder vaters oder
freundes gesessen hatten. und als sie dann
mal für fünf minuten den raum verließen, um
einen kaffee oder einen tee zu holen, nutzte
dieser die gelegenheit zu sterben.

der letzte weg ist kein leichter, sicher
schon gar nicht für den, der ihn gehen muss.
ich glaube, dass viele von uns diesen in aller ruhe und ohne eine hand gehalten zu bekommen, die einen festhält, gehen wollen und
werden. wenn zu lebzeiten alles gesagt und
getan wurde, wenn man so geliebt hat, wie man
konnte, dann ist da vielleicht kein bedürfnis mehr nach nähe oder nach einer helfenden
hand. der sterbende geht ja voran. wie soll
jemand, der viel weiter auf dem weg zurück
steht, dem vorangehenden weiter nach vorne
helfen können? eigentlich kann er ihn nur zu-
rückziehen, ihn entschleunigen, ihn langsamer
machen, ihn »festhalten«.

meine erkenntnis aus diesem ganzen ist die:
wenn wir jemanden, den wir lieben, auf seinem
weg zwischen leben und tod unterstützen wol-

len, so sollten wir ihm diese unterstützung zu seinen lebzeiten zukommen lassen, und zwar genau so, als säßen wir neben ihm am sterbe- bett.

es mag sicherlich auch situationen geben, in denen ein sterbender ganz bewusst die ge- genwart seiner liebenden wahrnimmt und sie sucht. vielleicht besonders dann, wenn er zeitlebens immer sehr viel nähe empfunden hat, gerne körperkontakt hatte. man könnte vielleicht sagen: wir sterben so, wie wir gelebt haben.

ich habe durch die begleitung meiner mutter gelernt, dass man manchmal am liebevollsten sein kann, wenn man einfach geht. der respekt vor dem wunsch des anderen ist wichtig — den- jenigen alleine zu lassen, der alleine sein möchte. dabei dann kein schlechtes gewissen zu haben, ist die herausforderung, die es in diesem moment zu meistern gilt. ich habe er- fahren dürfen, dass es in solchen augenbli- cken keinen besseren wegweiser als das eigene gefühl gibt. lass alle hollywoodfilme im re- gal und vergiss alles, was du darüber gehört hast, wie ein sterbeprozess zu sein hat. gib deinem gefühl raum und handele entsprechend.

das ist mein rat, und genau das zu tun, hat
mir sehr gut getan.

zwei abende bevor meine mutter starb, saß ich
mit meiner cousine und einer von mir sehr
geschätzten bekannten bei einem wein zusammen. die bekannte ist astrologin und eine der
wenigen personen in meinem umfeld, die über
eine außergewöhnliche wahrnehmungsfähigkeit
verfügt. ich habe regelmäßig das gefühl, dass
sie keinerlei bewertung vornimmt, ob man sich
richtig oder falsch verhält, ob man gut oder
schlecht ist. für sie scheinen die dinge einfach nur zu sein. ich nenne sie immer »bette middler«, da sie eine sehr weibliche aus-
strahlung hat, wie eine diva vor mir sitzt
und leidenschaftlich gerne raucht.

als wir nun dort saßen und über die situation
meiner mutter sprachen, traute ich mich zum
ersten mal zu sagen: »am liebsten würde ich
einfach nur nach köln fahren.« sie entgegnete
mir recht trocken wie immer: »ja dann machen
sie das doch. ihre mutter braucht sie nicht.«

meine cousine schien im ersten moment ent-
setzt, und ich sah ihr an, dass sie: »wie können sie so etwas sagen?« auf den lippen hat-

te. aber ich sagte nur: »das ist genau das, was ich auch denke. meine mutter ist so in ihrem eigenen film, und alles aus ihrem alten leben scheint sie nur von dem, was vor ihr liegt, abzulenken. allerdings habe ich auch das gefühl, dass ich als ihr sohn bei ihr sein sollte, wenn sie stirbt.«

bette middler zog nochmals an ihrer elektro-zigarette, die sie sich kurz zuvor zugelegt hatte, und wiederholte ziemlich cool: »quatsch, fahren sie ruhig nach köln, machen sie sich ´nen schönen abend.«

und das tat ich dann auch. ich verabschiedete mich von meiner mutter, wünschte ihr alles glück und alles gute, kaufte mir ne flasche crémant, fuhr nach hause und hörte auf der gesamten autofahrt von dortmund nach köln »rihanna«. bloß kein »buddha bar«, keinen christlichen trauersong und auch nicht whitney houston. »rihanna« war genau richtig. ich traf mich mit einem freund, und wir tranken und schliefen, bis morgens um 6 der anruf kam, dass meine mutter gestorben war.

der verlust von _____
bzw. der verlust meines eigenen lebens, meiner körperlichen fähigkeiten, meiner selbst-
ständigkeit macht mich ...

ich würde mir einfach nur wünschen:

es war eigentlich ein recht schöner vormittag mit meiner toten mutter

als ich aus köln zurück in das haus meiner mutter kam, hatte das beerdigungsunternehmen bereits den leichnam abgeholt.
ich betrat das zimmer – mein früheres kinderzimmer –, in dem auch schon mein vater gestorben war, und in dem meine mutter in ihren letzten tagen gelegen hatte. urplötzlich überkam mich eine so tiefe traurigkeit, die ich später dann in dieser weise nie wieder so intensiv empfunden habe. und ich konnte mich ihr nicht entziehen.

denke ich an den tod meines vaters und meines hundes, war diese trauer anders. damals verfolgte sie mich und überkam mich in den merkwürdigsten situationen. in dem einen moment war ich recht unbeschwert, im anderen voller schmerz und sehnsucht.

am selben morgen noch fuhr ich dann also in das beerdigungsinstitut und traf dort auf den lebensgefährten meiner mutter, meinen bruder und meinen stiefbruder. so saßen wir vier jungs nun da und sollten die letzten dinge

für meine mutter regeln. ich hatte verdrängt
oder vergessen, dass man direkt mit fragen
bezüglich der beerdigung konfrontiert wird.
fragen, mit denen ich in dem moment eigentlich völlig überfordert war. ich hätte mir
gewünscht, die organisation der trauerfeier
zu übernehmen und vor allem für die trauerre-
de und musikauswahl zuständig sein zu dürfen.
als ich dies äußerte, schaute mich der lebensgefährte meiner mutter etwas erschrocken
an und sagte: »aber du weißt ja, mama mochte
es nicht so dramatisch.«
daraufhin schickte ich barbara streisand direkt eine sms, dass sie doch nicht bei der
beerdigung singen müsse und auch den blinden
kindern, die eigentlich tanzen sollten, sagte
ich direkt wieder ab. ☺

als mutters freund dann gefragt wurde, ob wir
ihr denn persönliche kleidungsstücke anziehen lassen wollten, sagte dieser: »der letzte
wunsch meiner frau war es, in ihrem ungetragenen hochzeitskleid beerdigt zu werden.«
ich blickte nur zu meinem bruder rüber und
dachte: »okay, dann können die blinden kinder
aber auch tanzen.« – und erkannte, dass meine
vorstellung einer trauerfeier nicht wirklich
der meiner mutter und ihres lebensgefährten

entsprach. so überließ ich die meisten zu
treffenden entscheidungen ganz einfach den
drei anderen jungs.

ich hasse hellgrüne schleifen und trauerre-
den, die zu jedem toten lebewesen passen würden, selbst zu 'nem elefanten: »er hat vielen
menschen freude geschenkt, und wir werden ihn
in guter erinnerung behalten, er war immer
fröhlich und hatte für jeden ein offenes ohr.
wir werden dich vermissen, dumbo«.

wenigstens konnte ich das orgelspiel abwenden
und war für die musikauswahl zuständig.
meine eigene beerdigung habe ich im übrigen
kurz darauf selbst geplant, und es war ein
sehr schöner abend. meine urkölsche vermieterin und freundin sagte vor kurzem bei einem
ihrer besuche: »liebschen, ich hab n neues
lied, das ihr bei meiner beerdigung spielen
müsst! ave maria op kölsch, härrlisch, kannst
du mir das schon mal im internet bestellen?«
ich finde so etwas herzerfrischend!

ja, meine mutter hat auch kurz mit mir über
ihre beerdigung gesprochen. wir saßen gemeinsam in der küche, sie war gerade aus einer spezial-klinik in karlsruhe nach hause

zurückgekommen. diese therapie dort war so ziemlich unsere letzte hoffnung. und obwohl sich ihr gesundheitszustand weiterhin verschlechtert hatte, redeten wir immer noch hypothetisch über eine »eventuelle« beerdigung.

»ich möchte mit dir über meine beerdigung sprechen, sollte ich es doch nicht schaffen.« ich holte tief luft und sagte: »okay. können wir machen.« nun erwartete ich eine auswahl an blumen, musik, farben, irgendwie so etwas in der art. doch sie schaute mich verhältnismäßig gefasst an und sagte: »also! die brigitte, die petra, wilfried und anne, gitte jensen – aber das würde sie sich eh nicht trauen – die ganzen leute vom fußball und ursula peters, also die brauchen gar nicht erst zu kommen. wenn die kommen, drehe ich mich im grab um.«

ich nickte nur: »okay. sonst noch was?« sie überlegte kurz und fuhr dann fort: »und beim kaffeetrinken hinterher, da reicht es, wenn die den kuchen halbieren. den isst sonst eh keiner!« ich wiederholte mein »okay« und wartete, ob noch was kommen würde, aber sie sagte dann nur noch: »gut, dann haben wir das geklärt. ich bin froh, dass wir darüber reden konnten.«

this piece of art
what i consider
2 be a reflection
of human flash,
shall be dedicated
to my mother

this piece of art, what i consider 2 be a reflection of human flash and as a representer of the king of africa and as a proove for the existence of god and for the murder of lady diana, shall be dedicated to my mother who gave birth unto me without resistance and with full knowledge of what my life will become and of all it won't! Mutter, meine Mutter, im garten standest du und an der front, in berlin und in münchen in allen welten und noch für mich immer nur daheim, im hause meines vaters der da ist im himmel. For whatever I do, for whatever I did, with I sleep with, who ever I btray, everything I do, I do because my mother gave birth unto me and unto my doing.so if u love your mother, than give love unto everything there is in your world. lub your city as if it was your mother, and lub my music as if it was your mother. buy my records and lub the money you spent unto it, for I will lov the money u spent for my records as well and therefor I shall lub your mother and your whole world. darf ich deine tüte tragen, bitte. ich kann dir leider nicht sagen dass ich dich liebe aber ich kann dir die tüte vom rewe bis nach hause tragen und daran sollst du erkennen dass ich dich liebe. Have u ever been 2 mexico city, the city where jesus lived and died, the city of angels and of bandits, that kidnap u and cut off your left ear to prove u are theirs, have u ever been in lub with this town? I have and I am and I will always be and I have to write it down so that my mother will know of this matter. For that she will put me to sleep in mexico city without my left ear and know that i died in the city i lub and that i will return after 3 days to life and live for ever more in america, in new york city, the city i do even lub more! weine nicht, ngamutschka, polen wird befreit werden und alle erben dieser nation werden an den heutigen tag denken, wann immer sie deinen namen rufen. Dieser tag ist ein guter tag, mutter und meine liebe zu dir ist wie dieser tag, hell und immer während, denn wir sind mutter & sohn

75

meine mutter ging wieder ins wohnzimmer, und ich blieb etwas erschlagen zurück. ich dachte nur: »das wird die erste beerdigung mit security, oder vielleicht machen wir was mit stempeln.« nach dem motto: »nee brigitte, ich müsste schon den stempel sehen, sonst kann ich dich leider nicht reinlassen, sorry!«

nun ja. zumindest war es eine klare ansage meiner mutter, und ich kann heute nur dazu sagen: leider geil!

als die formalitäten im beerdigungsinstitut geklärt waren, wurden wir gefragt, ob wir den leichnam meiner mutter noch einmal sehen wollten. alle waren sich einig, dass wir das auf keinen fall tun würden. kurz bevor wir dann gingen, entschied ich mich jedoch anders und äußerte den wunsch, sie ein letztes mal anzuschauen. »tu das nicht, behalte sie so in erinnerung, wie sie war, tu dir das nicht an!« war das einstimmige feedback, das ich von meiner familie bekam. in dem moment war ich einfach zu müde für argumente, schwieg und fuhr, ohne meine mutter noch mal zu sehen, mit den anderen nach hause.

kurze zeit später musste ich dann allerdings noch kleidungsstücke meiner mutter ins beerdigungsinstitut bringen, da ihr wunsch, sie in ihrem ungetragenen hochzeitskleid zu bestatten, doch wieder verworfen wurde. polyester ist halt nicht so optimal, wenn man verbrannt wird.

das, was jetzt folgt, war ein besonders wichtiger und eigentlich der schönste moment, den ich mit meiner mutter je erlebt habe: ich hatte für sie eine jeans und ein weißes hemd herausgesucht, etwas, das sie auch sonst getragen hatte, kleidung eben, in der ich sie kannte.

als ich die sachen nun beim beerdigungsunternehmen abgab, fragte mich die bestatterin ein zweites mal: »möchten sie ihre mutter wirklich nicht nochmal sehen?« und meine antwort kam sehr spontan »doch, das würde ich sehr gerne!« ich bin froh, dass ich damals nicht wusste, was das gekostet hat. sonst hätte ich es sicherlich nicht getan. an dieser stelle möchte ich sagen: die bestattungskosten in deutschland sind dermaßen unverhältnismäßig. ich finde, es muss gewährleistet sein, dass menschen voneinander abschied nehmen können,

ohne finanziell daran zu grunde zu gehen oder darüber nachdenken zu müssen, ob sie sich es überhaupt leisten können, den verstorbenen noch einmal zu sehen.

also bat mich die bestatterin, in drei Stunden wiederzukommen, dann wäre meine mutter aufgebahrt und angezogen. viel konnte ich mir darunter nicht vorstellen, aber ich hatte ein gutes gefühl dabei.

die drei stunden überbrückte ich, indem ich das grab meines vaters besuchte. ich war jahre nicht dort gewesen, und als ich nun da stand, schien es so, als gäbe es nichts zu sagen.
ich verabschiedete mich, dankte ihm dafür, dass sein so frühzeitiges ableben mir in vielen dingen geholfen hat, mein eigenes leben zu verstehen und nahm seinen dank entgegen, dass ich ihn begraben hatte.

danach verbrachte ich noch einige zeit am kanal. ich komme halt aus dem ruhrpott. da gibt es kein meer und keine berge, aber wir haben den kanal. ich saß einfach nur da und blickte auf das wasser, das mir von kind an sehr nah war, da wir dort aufgewachsen sind, im sommer dort mit freunden gegrillt haben und mit dem rad daran entlanggefahren sind.

zurück im bestattungsinstitut rückte also der moment des letzten abschieds von meiner mutter furchtbar nahe. als ich die offene tür zu ihr sah, wurde mir schwer ums herz. die bestatterin sprach mir mut zu und sagte: »sie sieht ganz friedlich aus, ich finde, sie lächelt sogar, treten sie nur ein ...«

und dann war es so wie früher, als ich vom drei-meter-brett in der schule springen musste. man steht da und ist beinahe wie gelähmt vor angst, und es kommt dieser moment, in dem man springt. und genau so sprang ich. ich betrat das zimmer, und im selben augenblick wusste ich: alles ist gut.

»sie können ihrer mutter nun alles sagen, ich bin draußen, und sie können so lange bleiben, wie sie mögen«, sagte die bestatterin leise.

ich setzte mich auf einen stuhl neben dem sarg, und mir entglitten lediglich zwei leise worte: »ach mama, ach mama«, und dann waren wir zwei alleine, wie wir es noch nie gewesen waren.

erst kurze zeit später bemerkte ich die leise musik, buddhistische mantras, den geruch, der in der luft lag, nag-champa-räucherstäbchen. es war alles so, wie ich es mir für mich selbst wünschen würde. und zum ersten mal im leben hatte ich das gefühl, dass meine mutter und ich uns wortlos verstanden, und ich war ihr sehr nah.

meine auseinandersetzung mit glaube, religion, dem sterben, mein wunsch zu reisen, meine affinität zum buddhismus und zu asien, meine liebe zur kunst und zur musik, zu gutem essen und tee, der nicht im teebeutel aufgebrüht wird, das alles war meiner mutter zu lebzeiten eigentlich fremd.

und da waren wir nun. nur wir zwei, und ich hatte das gefühl, dass all das, was ich ihr jemals sagen wollte, verstanden wurde, ohne dass auch nur ein wort fiel.

heute weiß ich, dass die entscheidung, meine mutter ein letztes mal zu sehen, für mich richtig und sehr wichtig war. und ich lese auch immer wieder von menschen, die so ihren frieden mit dem verstorbenen schließen konnten und dass genau das sehr wichtig sei für

die eigene trauerbewältigung. ein letzter abschied quasi.

so muss ich einfach wiederholen: es war ein sehr schöner vormittag mit meiner toten mutter und einer der schönsten momente meines lebens. ein moment, den ich immer bei mir trage, in einer kleinen schachtel aufbewahrt, in meinen hosentaschen, direkt neben dem kaugummi.

erinnere dich hier an eine letzte begegnung,
sei es mit einem noch lebenden oder bereits
vorangegangenen menschen oder wesen, an jemanden, der dir ganz spontan in den sinn kommt.

das letzte mal als ich _____ sah, da

_____

_____

_____

_____

was ich gerne noch gesagt hätte:

_____

_____

_____

_____

_____

_____

_____

und nun: sage es doch einfach, in einem
brief, einem gespräch, in einem gedanken. egal,
wo diese person gerade ist, sie wird dich
verstehen.

für udo und peter, für gabi und rolf, für angi und albrecht, für kevin und silke, für jens und ulla, für captain jack und elvis presley

als mein vater starb, arbeitete ich – wie bereits erwähnt – beim kinderkanal, moderierte eine kleine aber feine tv-sendung und trat gerade in jenem sommer gemeinsam mit meinem besten kumpel »günter kastenfrosch« auf so ziemlich jedem sommerfest in der republik mit unserem smash-hit »der günter song« auf. in dem song verliebt sich günter in ein aupair-mädchen aus den usa, das auf der bühne von meiner schulfreundin naomi gespielt wurde.

hätte mein vater sich nun also nicht entschlossen, noch vor der jahrtausendwende dieses leben zu beenden, hätte es ein recht schöner, beschwingt leichter sommer werden können. wir »tourten« durch deutschland und machten abends dort, wo wir gerade waren, die clubs unsicher. und aus dieser sommerlichen party-stimmung wurde ich dann recht unvorbereitet herausgerissen ...

84

etwa vier wochen, bevor mein vater seine krebs-diagnose bekam, fuhr ich von bochum zurück nach dortmund. als ich die abfahrt von der a45 nachhause nahm, direkt in der ausfahrtskurve, überkam mich ohne erklärbaren grund eine tiefe traurigkeit, und ich dachte: »würde meinem vater etwas zustoßen, könnte ich das nicht überstehen.«

ich habe diese situation erst später richtig einordnen können. in dem moment dieses gedankens holte ich einfach nur tief luft, hielt an der Ampel an, legte club sounds 5 in den cd-spieler und drehte die musik so weit auf, bis diese ahnung, die mich überkommen hatte, verschwunden war.

vier monate nachdem ich diese ausfahrt genommen hatte, starb mein vater.

in dieser lebenssituation suchte ich immer wieder nach gesprächspartnern, um das erlebte zu teilen, um mich mitzuteilen. doch die meisten meiner freunde hatten bestenfalls den großvater oder die großmutter sterben sehen, und zwischen der houseparty am freitag und der nächsten am samstag fanden sich auch kaum möglichkeiten, über dieses thema, über meinen vater irgendwie ins gespräch zu kommen.

und so begann ein gespräch mit einer meiner besten freundinnen almut, die mir nicht nur durch ihre künstlerische seele sehr nah ist. nach unser beider überzeugung teilen wir vorherige leben und so auch das, was wir in dieser welt gemeinsam haben. unser gespräch dauert nun schon 12 jahre an, und jedes einzelne wort trage ich in einer geklauten rewetüte bei mir.

mit ihr sprach ich stundenlang, tagelang über das leben, den tod meines vaters, wir schenkten uns gegenseitig bücher von rainer-maria rilke, elisabeth kübler-ross und iyanla vanzant.
ihr ehemann hatte es während unserer gespräche, die wir entweder am telefon oder an ihrem großen esstisch führten, nicht leicht.

silvester 2010 verunglückte der mann meiner freundin tragisch und starb nach einigen tagen im krankenhaus. es folgten wochen, die viel zu diesem buch beigetragen haben.

ich möchte hier die grabrede, die ich bei seiner beerdigung hielt, mit dir teilen.

sie entstand im januar 2010 in einem café in
bochum und ist mir aus den händen geflossen,
direkt in mein kleines notizbuch.

»Lieber Udo, liebe Almut, liebe Familie und Freunde,

unser aller Lebenswege, so unterschiedlich sie bisher auch
gewesen sein mögen, haben uns heute hier zusammenge-
bracht, um uns von einem Menschen, der uns allen am und
im Herzen liegt, zu verabschieden.

Wir sind heute hier, um diesen für uns schweren Weg gemeinsam zu gehen und diesen Tag, so schwer er ist, zu teilen und ihn so für jeden Einzelnen von uns ein Stück weit
erträglicher zu machen.

Und doch, egal, was wir uns heute sagen, egal, wo wir Trost
suchen und auch Trost finden werden, egal, woran wir glauben oder auch nicht, heute hier stehen, das möchte keiner
von uns, und es fällt sehr schwer.

Ich musste die letzten Tage oft an etwas denken, dass Susanne, die Udo von uns allen als letzte gesehen hat, sagte:
»Udo hat ausgesehen, als sei er bereit gewesen zu gehen.«
Sicherlich, hätte Udo wählen können, sähe dieser Tag für
uns alle heute anders aus, aber diese Worte von Susanne
habe ich für mich so verstanden, dass Udo mit sich im Rei-
nen war, mit seinem Leben zufrieden und somit frei , diesen

Weg, der unvermeidlich einmal auf jeden von uns zukommt, zu gehen. Es war ein Leben, in dem gesagt wurde, was gesagt werden sollte und in dem getan wurde, was getan werden wollte. Dankbar für die Zeit, die er mit jedem Einzelnen von uns geteilt hat.

Ich habe in der letzten Woche viel Zeit mit Almut verbracht und viel Zeit auch in Udos und Almuts Zuhause verbracht. Wir haben viel über Udo gesprochen, viel geweint, aber auch an tolle Abende, Gespräche und an die vielen schönen Momente mit Udo gedacht. Und ich persönlich hatte ganz oft das Gefühl, Udo ist jetzt hier. Er ist in der Nähe. Und es geht ihm gut. Ich kann dieses Gefühl nicht erklären, und ich konnte Udo auch nicht so sehen, wie ich es noch vor kurzem getan habe, als wir gemeinsam meinen Geburtstag bei Almut und Udo zuhause gefeiert haben, und dennoch bin ich überzeugt, er war da, so, wie ich auch jetzt überzeugt bin, dass er bei uns ist.

Wenn ich in einem Zimmer das Licht ausschalte, dann kann ich das Licht auch nicht mehr sehen, es nicht mehr wahrnehmen; ich mag denken, es ist weg. Aber Licht kann nicht verschwinden, es ist immer da, auch wenn der Lichtschalter aus ist. In einem anderen Zimmer jedoch scheint es hell und leuchtet.

Und so glaube ich auch, dass Udo nur in ein anderes Zimmer gegangen ist, in diesem großen Haus, das wir Leben nen-

nen. Von unserem Fenster aus können wir ihn nicht sehen, und trotzdem sitzt er gleich nebenan.

Der Mensch besteht nicht nur aus seinem Körper. Der Körper ist uns eine gute Hülle, eine Wohnung für die Zeit, die wir hier auf Erden verbringen.

Udos Hülle möchten wir heute nun zurückgeben. Zur Ruhe legen in der Erde, aus der sie entstand. Wir legen diese Hülle unter diesen Baum hier zur Ruhe, auf dass sie diesem Baum Energie und Kraft spenden mag und wieder eins wird mit der Natur, in der wir jetzt hier stehen.

Und wenn wir im nächsten Sommer unter diesem Baum stehen werden, und er uns Trost, Kraft, Freude oder Schatten spenden mag, so glaube ich fest daran, dass Udo dies dann für uns tut.

Ab heute sind wir nicht mehr allein. Wir haben nun Udo, der fernab von jeder menschlichen Begrenztheit uns begleitet, bei uns ist, bis auch wir dieses Haus verlassen, um in ein anderes Zimmer zu gehen, wo Udo schon mit einem Whiskey auf uns wartet und sagt: Du musst mir nicht erzählen, was noch alles geschehen ist, ich war die ganze Zeit dabei!
Und so lasst uns Udo jetzt auch nicht mit einem letzten Gruß verabschieden. Aber mit einem: Danke für die schöne Zeit, mach´s gut und bis bald.«

wenn ich für _____ oder für mich selbst
eine grabrede halten würde, dann wären mir
folgende punkte wichtig:

bei meiner eigenen beerdigung würde ich folgende fünf songs spielen und hören wollen:

mit dem sterben ist es wie mit einem drink: es ist immer der richtige zeitpunkt dafür

diese überschrift mag befremdlich klingen. gerade dann, wenn auf den letzten seiten die grabrede für einen freund zu lesen war, der nur knapp über 40 Jahre alt wurde und eine meiner besten freundinnen alleine zurückließ. ich weiß, dass mir bei dieser überschrift eine mutter, die ihr totgeborenes kind in den armen hält, nicht zustimmen wird, nicht zustimmen kann. und darum lass mich kurz erklären, wie ich diese worte meine:

ich erwähnte bereits meine cousine susannne. sie starb mit 30. sie fiel einfach um und war tot. ganz bescheiden und eigenwillig ist sie einfach gegangen und wurde dennoch nicht vergessen, denn heute sitze ich hier und denke an sie. jetzt, genau in diesem augenblick habe ich ein engeres verhältnis zu ihr als zu ihren lebzeiten, denn ich habe das gefühl, sie sitzt hier in tokyo direkt neben mir, blickt mir über die schulter und sagt: »ey ... du hast oben susanne mit 3 n geschrieben.«

der verlust ihrer tochter war für meine tante
einfach eine unnatürliche, abartige erfahrung: das klägliche scheitern von mutter natur, die natürliche reihenfolge von geburt
und sterben aufrecht zu erhalten. denn zuerst
sterben ja wohl die großeltern, dann die eltern und zuletzt die kinder, die dann auch
schon wieder großeltern sind. so war es immer, und so sollte es eigentlich auch sein.

doch genau das erzähl mal einer schildkröte
oder einer antilopenmutter, jeglicher anderen
lebensform, die in offener freiheit und wildnis lebt und überlebt.
wir sind eins mit der natur und verbunden
durch naturgesetze und durch die welt, in der
wir leben. und so, wie viele junge, schwache,
neugeborene in der freien wildnis nicht überleben, ist es nach meiner überzeugung auch
bei uns menschen. zum leben gehört das sterben einfach dazu. leben wir nicht auch in
einem dschungel, der sich stadt oder zivili-
sation nennt?

zu dem schmerz, den eltern in einer solchen
situation fühlen, kommt vielleicht für viele
noch erschwerend das gefühl einer schuld hinzu, der schuld, etwas falsch gemacht zu haben,

eine gewisse verantwortung für das sterben zu tragen. soweit ich das aus meinem erlebten sagen kann, kann niemand zu früh oder zu spät sterben. wann immer es geschieht, es scheint der richtige zeitpunkt zu sein. mein vater starb mit 50, meine mutter mit 57, mein hund wurde mit 4,5 überfahren.

ich habe einmal gelesen, dass nicht die anzahl der lebensjahre zählt, sondern das, was man in diesen jahren tut bzw. getan hat.
hätte mein vater anders gelebt, wäre er dann 55 geworden? wäre der wert seines lebens dadurch größer geworden? wäre es ihm leichter gefallen, voranzugehen? wäre es mir leichter gefallen zurückzubleiben? gibt es einen »richtigen« zeitpunkt zum sterben? und wenn es den nicht gibt, wie kann es dann einen »falschen« geben?

ich glaube, meine mutter beispielsweise hatte noch einiges vor in ihrem leben. sie war gerade wieder großmutter geworden, in ihrer beziehung glücklich und in ihrem alltag zufrieden. sie hatte sich gerade erst eine neue couchgarnitur bestellt und hatte sicherlich andere pläne, als plötzlich krebs diagnostiziert zu bekommen.

als ihr krebs festgestellt wurde, sagten die ärzte, es sei »der aggressivste krebs, den sie je gesehen hatten«. meine mutter wollte gegen den krebs angehen. sie wollte den kampf gegen ihn aufnehmen. doch gegen seinen krebs zu kämpfen, ist etwas, das mir persönlich bis heute unsinnig erscheint. ich glaube, den kampf gegen sich selbst, gegen einen teil von sich, den kann man nur verlieren.

vielleicht sollte man einem krebs besser mit neugierde begegnen und fragen: woher bist du gekommen? wie können wir gemeinsam weiter-leben? wenn ich sterbe, stirbst du auch. ich scheine dich irgendwie erschaffen zu haben. in meinem körper bist du gewachsen. wie kann ich dir gegenübertreten?
ich bin nicht sicher, ob ich in der lage wäre, diese sätze für mich selbst anzuwenden, soll-te ich einmal in eine solche situation kom-men. näher als an meine mutter konnte mir der krebs bislang nicht kommen, und doch sind mir persönlich diese gedanken vertrauter als das konzept des kämpfens und des kriegführens ge-gen sich selbst.

ich hatte mehr als einmal den gedanken, dass ich es eigentlich schön finden würde, am

ende meines eigenen lebens eine gewisse zeit zu bekommen, in der ich abschied nehmen und dankbar auf das erlebte zurückblicken könnte. ich stellte mir vor, wie alltagssorgen von mir fallen: zukunftspläne, beruflicher erfolg, geldanlagen, haarausfall, älter werden und ungerechtigkeiten. wie ich einfach nur liegen könnte mit meinen liebsten, mit einem perfect manhattan in der hand, den niemand so gut mixt wie meine vermieterin margret, mit guter musik und frischem tee auf dem herd.

damals lernte ich, was es heißt, jeden tag so zu leben, als wäre es der letzte. viele dinge hört man im leben, begreift sie auch, aber sie dann selbst zu erfahren und zu spüren ist etwas ganz anderes. und seitdem versuche ich, an jedem mir nur möglichen tag abends einfach ruhig dazuliegen, mit meinen liebsten am telefon, im arm oder in gedanken, mit einem perfect manhattan, made by margret, mit einem guten lied und einer tasse tee.

als altenpflegerin kannte meine mutter den verlauf einer krebserkrankung im endstadium und verlangte ständig, über die morphiumdosierung genauestens informiert zu werden.

sie wollte sich nicht »abschießen« lassen und solange es ging bei klarem verstand bleiben.

sie hatte ihr vorangehen einfach noch nicht akzeptiert. sie wollte noch bleiben. sie wollte einfach wieder aufstehen und nachmittags auf der couch tine wittler gucken.

bis zu jenem einen moment, an dem sie realisierte: das wird nichts mehr.
an dem sie einfach zum arzt sagte: »ich habe keinen bock mehr, jetzt schieß mich ab.«

ich denke, da hatte sie verstanden, dass es kein zurück mehr gab, kein kämpfen mehr nötig war. ihr wurde bewusst: nun werde ich erleben, was es heißt zu sterben. nun werde ich all das bewusst erfahren, wovon die, die zurückbleiben, nur philosophieren können.

richtig bock drauf hatte sie immer noch nicht, aber sie fügte sich und trat ihre letzte reise verhältnismäßig schlecht gelaunt in einer sonntagnacht an.

ich dachte nur, wie schade. wenn man doch sowieso sterben muss, wieviel schöner wäre es doch dann, wenn man es genießen könnte.

it is quite simple
sometimes,
skyscrapers fall
down, mothers
leave, and others
remain, within
your sight, within
your time

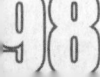

DAS EINE VERGEHT

DAS ANDERE BLEIBT
dada & sein bruder in NYC 2000

99

ich trat einen schritt zur seite, und mir wurde klar, dass genau dieser moment auch einmal mich erreichen würde, dass er einen jeden menschen erreichen wird. und zwar genau dann, wenn er uns erreichen soll.

sechs monate vorher hatte ich mit meiner mutter noch in der küche gesessen, und dieser moment war so weit entfernt, wie das eintreffen eines raumschiffs oder der gewinn eines golden globes, und nun war er plötzlich einfach da. und es kam mir ganz natürlich vor.

und so gibt es für alles im leben eine rechte zeit, zum tanzen, zum feiern, zum trauern und es gibt auch eine rechte zeit zum sterben. ich wünsche dir und mir, dass wir diesem moment mit einem lied auf den lippen begegnen werden. so wie es eine dame im hospiz einmal tat. sie ließ kurz bevor sie starb ihren enkel ganz nah an sich herankommen, nahm seine hand und sang ihm ins ohr: »so ein tag, so wunderschön wie heute, so ein tag der dürfte nie vergehen ...«

EIN LIED IST WIE EIN KUSS

neue lieblings
turnschuhe

DER EMPFANGEN UND GESCHENKT WERDEN MUSS

"und um welchen kuss genau
handelt es sich dabei mein
herr? ich finde das müsste
man schon noch dazu sagen!
und was soll die sache mit
den turnschuhen!!???!!!"

kommentar von petra_koeln

3 personen gefällt das

wenn ich noch zwölf monate zu leben hätte, so
würde ich ...

wenn es noch ein monat wäre, so würde ich ...

wenn morgen mein letzter tag wäre, so würde
ich ...

die größte liebesgeschichte meines lebens

ein freund brachte paula aus spanien mit, als
sie ungefähr acht wochen alt war.

er fragte, ob ich ein paar tage auf den kleinen hund aufpassen könne, da er versuchen
wolle, eine geeignete familie für ihn zu finden. er drückte mir das kleine bündel in die
hand und sagte: »hier, ist n junge, hat aber
noch keinen namen.«

ich war damals beruflich sehr eingespannt,
und obwohl ich hunde liebe, kam ein haustier
für mich eigentlich nicht infrage.

doch da saßen wir nun, der kleine furz und
ich. auf meiner neuen, schneeweißen couch-
landschaft. und dann krabbelte er auf mich
drauf, leckte mir durchs gesicht und schlief
ganz zufrieden zwischen meinem hals und meiner rechten schulter ein. und ich auch. als
ich wieder aufwachte, wusste ich, dass ich
künftig bei jedem aufwachen dieses kleine wesen sehen wollte. und ich wusste, ihm ging es
ebenso. gegenseitige liebe und fürsorge ist
eine ganz wunderbare erfahrung, mit wem auch
immer man sie teilt.

ich beschloss, ein cooles körbchen zu kaufen, vergewisserte mich, dass meine mutter ab und an die obhut übernehmen könne und richtete direkt abends ein klingelschild an der haustür ein: dada & paul! ja, das gefiel mir. von jenem tag an sollten wir für die nächsten 4,5 jahre unzertrennlich sein.

es folgte eine schwierige berufliche und künstlerische zeit, mit vielen entbehrungen. doch sobald ich auch nur den hausflur betrat, freute ich mich darauf, die tür zu öffnen und meinen hund vor freude wie bambi durch die wohnung springen zu sehen. und witzigerweise bemerkte ich erst viel später, dass paul eine paula war ☺. eigentlich konnte man es ihr ja im gesicht ansehen und an ihrem wesen spüren. natürlich, ein mädchen. und was für eins. ne richtig coole war das. wild, wunderhübsch, hatte was divenhaftes hier und da, und vor allem war sie einfach nur glücklich. eine amerikanerin, die wir mal beim spazierengehen trafen, brachte es auf den punkt: »oh my god, i have never seen such a happy dog.«

im oktober 2006 war ich mit meinem pianisten jan giffhorn in köln auf dem ring im woyton zum frühstück verabredet. es war paulas

und mein stammcafé. wir waren fast jeden tag dort und kannten die belegschaft, die anderen stammgäste, und ich liebte die atmosphäre dort. sehr viele kreative menschen, die den ort quasi als »office« nutzten.

paula rannte immer von einem tisch zum anderen oder machte es sich neben mir auf dem ledersofa gemütlich, während ich am laptop schrieb.

es war ein wirklich glasklarer, sonniger sonntagmorgen. ich hatte paula tage zuvor bei american apparel ein hundeshirt gekauft, das ich ihr anziehen wollte. allerdings sah sie genauso reingepresst darin aus wie ich in den meisten shirts aus diesem laden, und so ließ ich madame auch an jenem morgen ihr haar offen tragen.

als wir kurz vor elf ins woyton kamen, war sehr wenig betrieb. ich baute meinen laptop auf und holte uns erst einmal einen earl grey tee und den wassernapf. drei meiner freunde kamen gerade von der greenkomm, einer afterhour-house-party, die direkt in einem club gegenüber stattfindet.

es gab ein kurzes hallo, einer von ihnen
spielte mit paula. aber der drogenkonsum der
drei hatte noch immer seine wirkung, und so
war ein richtiges gespräch nur eingeschränkt
möglich. ich unterbrach ganz kurz das mor-
gendliche geplänkel und blickte zu paula,
die keine zwei meter rechts von mir stand.
unsere blicke trafen sich (ein letztes mal).
ich spürte auf einmal wieder dieses große
unwohlsein und schrieb dies zunächst meinen noch immer auf drogen kommunizierenden
freunden zu. doch es war mehr als das. wie
damals bei meinem vater hatte ich eine ahnung. eine ahnung von dem, was geschehen
würde.

ich drehte mich wieder meinem kumpel zu, um
das gespräch fortzuführen. ein weiterer gast
betrat das woyton und ließ die tür weit offen-
stehen. zwei sekunden später blickte ich zur
tür und sah, wie paula wie vom blitz getrof-
fen geradewegs auf den ring zulief, so, als
hätte ich einen ball oder einen stock gewor-
fen und gerufen: »los, lauf!« ich sah noch,
wie sie von einem kleinen auto erfasst wurde
und wusste sofort, dass ab nun nichts mehr so
sein würde, wie es einmal war.

i can do nothing
but 2 luv, there's
nothing else
in this world
that i could
think of 2 do

paula (born 2002 died 2006)

ie größte show der
velt, sie ist vorbei
s gibt nichts zu sehen
itte gehen sie weiter

ich rannte direkt hinterher. sie lag regungs-
los auf der straße. äußerlich unverletzt. dafür bin ich noch heute so unendlich dankbar. dass ich meinen kleinen hund einfach so
aufheben und von der straße tragen durfte.
ich kniete mich vors woyton auf den gehsteig.
paula lag in meinem arm, ganz ähnlich, wie
sie es auch beim allerersten mal unserer begegnung getan hatte.
ich dachte immer wieder nur: das kann doch
jetzt nicht passiert sein!! und ich fühlte
diese hilflosigkeit, das geschehene einfach
nur ertragen zu müssen, nichts tun zu können.

es sammelten sich die freunde auf dem gehweg,
die belegschaft des woyton kam heraus, und
alle standen um uns herum.
ich rief einer passantin zu: »rufen sie einen
krankenwagen!«, was diese auch direkt tat.
dann hörte ich ein leises stöhnen, und alles
war vorbei. ich selbst realisierte dies noch
nicht. und sagte immerzu: »paula, wir fahren
jetzt zum arzt, alles wird gut.« das muss
wohl einige minuten so gegangen sein. irgendwann kam einer meiner freunde zu mir und sagte: »du, die paula braucht keinen arzt mehr.«
ich schubste ihn völlig wütend weg und schrie
»verpiss dich«!

dann blickte ich an mir herunter und bemerkte, dass paula sich komplett ihrer körperflüssigkeiten entledigt hatte.

im gleichen moment traf der krankenwagen mit blaulicht ein.

der notarzt bahnte sich den weg durch die vielen nunmehr weinenden freunde und bekannten von uns und fragte in die runde: »wo ist denn der patient?«

ich blickte nur kurz hoch und sagte: »hier! können sie mir bitte sagen, ob mein hund noch lebt?«

als er näher kam, um ihren puls zu fühlen, überkam mich eine riesenpanik, und ich sagte nur: »bitte, tun sie ihr nicht weh!« aber er entgegnete nur recht sachlich: »also der hund ist tot.«

ungefähr zu dem zeitpunkt traf jan ein. mittlerweile saß auch der urkölsche fahrer des wagens neben mir auf dem boden und sagte immerzu: »junge, junge, dat tut mir su leid, äver mer kaufe dir ene neue!«

es war wohl der schlimmste und auch gleichzeitig der schönste moment meines damaligen lebens. weder groll noch streit oder irgendetwas negatives lagen in der luft. auch ich

war komplett frei von schuldzuweisungen oder
wut. ich war unendlich tief traurig, aber
doch voller liebe. und ich war dankbar, dass
freunde da waren, jan, mit dem mich zu dem
zeitpunkt nicht nur eine intensive arbeits-
beziehung, sondern auch eine gute freund-
schaft verband, der kölsche fahrer, der auf
seine art so herzlich war und mit mir litt.
der freund, der mir paula aus spanien mitge-
bracht hatte, stand auch auf einmal da, und
so schloss sich der kreis.

nachdem ich vom notarzt etwas zur beruhigung
bekommen und einer meiner freunde sich paulas
angenommen hatte, galt mein erster anruf meiner mutter. ich glaube nicht, dass ich jemals
vorher so ein bedürfnis nach meiner mutter
gehabt hatte, wie gerade in diesem moment.
ich beschloss, paula zu ihr zu bringen und
sie dann bei ihr im garten zu begraben.
und dann begannen die schwersten tage meines
lebens.

ich weiß, es mag komisch klingen, nachdem
ich meine eltern und freunde von mir verloren
habe. aber meinen hund nicht mehr am hals und
im arm halten zu können, hat mich zerrissen.
die schlimmste zeit waren die tage direkt da-

nach, als ich keine erklärung dafür finden
konnte, wie und vor allem warum das alles geschehen war.

es machte für mich keinen sinn. paula lief
so geradewegs auf diese straße zu. derarti-
ges hat sie wirklich immer nur dann gemacht,
wenn ich sie gerufen habe oder im gemeinsamen
spiel. zwei tage nach diesem sonntag versuchte der partner meiner mutter, mir eigentlich
ganz unspirituell trost zu spenden und sagte:
»ach ker, weißte, da stand gott auf der anderen straßenseite und hat gesagt: los, paula,
komm! und da ist sie halt losgerannt.«
da machte es bei mir klick, und ich wusste, ja, so ist es tatsächlich geschehen. gott
stand dort, und er hat sie gerufen. so hat sie
sich in vollstem vertrauen auf den weg gemacht
und ist, unbeschwert wie sie war, einfach
vors auto gelaufen. fast wie ein selbstmord
für mich. damit ich all dies erfahren, mein
weiteres leben leben und dies hier schreiben
konnte.

und eins ist klar: wenn ich dann gehen werde, weiß ich genau, wer mir entgegenspringen
wird. darauf freue ich mich schon heute!

schreib mich voll, mein baby, mein schatz!

ich weiß noch, wie es mir das herz brach, als paula starb, und auch wenn ich heute hier ganz froh sitze und der schmerz in etwas ganz anderes verwandelt ist, so weiß ich doch, dass es helfen kann, ihm einfach platz und raum zu geben und ihn hinauszuschreien. solltest du also ähnliches durchmachen, empfinden, dann schrei einfach:

ist die post
schon da?

vielleicht bist du gerade selbst in der phase,
in der du einen dir sehr lieben menschen zu
hause liegen hast, der sterben muss. solltest du mitten drin in diesem irrsinn ste-
cken, wünsche ich dir alle kraft und auch,
dass du deinen humor gerade jetzt nicht verlierst. mein sinn für humor hat mir über
diese wirklich schweren zeiten oftmals hin-
weggeholfen.

ich habe die skurrilsten und auch lustigsten
momente meines lebens mit meinen eltern in
jeweils jenen drei monaten erlebt, in denen
sie starben.

mein vater beispielsweise wollte sich, als
er zum schluss auch morphium bekam, einfach
nicht mehr helfen lassen. er war aggressiv,
und niemand von uns konnte etwas richtig machen.
als ich sein krankenbett einmal in eine andere stellung bringen wollte, ging es ihm nicht
gut oder schnell genug, und er beschloss,
dies einfürallemal selbst in die hand zu nehmen.

bei meinem versuch riss er mir das bedienteil aus den händen und drückte zunächst einmal die »nach oben«-taste. daraufhin bewegte sich das komplette bett ratternd gen zimmerdecke. ich sah einfach nur zu und brachte ab und an lediglich ein »papa, meinst du nicht, das ist zu hoch?« heraus. ich war mir auch überhaupt nicht bewusst, wie hoch man mit diesen dingern fahren kann. mein vater saß nun quasi direkt unter der decke.

als nächstes bediente er dann das rücken-teil. »hoch«. und wieder dieses geratter, das ich niemals vergessen werde. die rückenlehne bewegte sich nun also aus der waagerechten langsam aber stetig in die senkrechte, womit mein vater nunmehr also im 90-grad-winkel un-ter der zimmerdecke saß.
zu guter letzt kam dann das fußteil dran. »hoch«! das geratter begann abermals.

als er dann letztendlich in einer v-stellung angekommen war, verschwand auf einmal meine hilflosigkeit, und ich begann einfach nur zu lachen.

mein vater blickte böse zu mir hinunter, und ich sagte nur, immer noch schallend lachend:

»ach papa, das kann doch nicht bequem sein!?
aber es sieht sehr lustig aus. wenn du so
bleiben willst, dann mach, bleib so!!«

ich weiß nicht, ob er dann realisierte, was
geschehen war, aber wie auch immer, wurde er
auf einmal ganz sanft, reichte mir das bedienteil, und ich fuhr ihn ganz langsam wieder hinunter. ich stellte eine bequeme stellung des bettes ein, und mein vater schlief
danach ruhig für mehrere stunden. ich ging
in die küche und heulte. hätte ich damals
schon meine freundin und vermieterin margret
gekannt, so wäre genau dies ein »perfect man-
hattan-moment« gewesen.
dieses emotionale auf und ab ist sehr kräfte-
zehrend, und ich bin wirklich froh über diese
lustigen momente, und vor allem auch darüber,
dass ich mir die freiheit genommen habe, dann
wirklich auch zu lachen.

auch schön war, als ich am bett meiner mutter saß und ihr den eimer hielt, weil sie
sich übergeben musste. sie würgte, und es
war kein leichter moment für mich. das krankenbett meiner mutter stand an exakt der-
selben stelle, an der mein vater damals seine hoch-und-runterfahrt-aktion vorgenommen

hatte. unsere wohnung befand sich im erd-
geschoss, und direkt entlang des fensters
verlief eine kleine privatstraße, auf der
unsere nachbarn zu ihrem haus gelangten. das
fenster war halb geöffnet an jenem tag und
ich dachte noch, ob ich es vielleicht lieber
schließen sollte, damit nicht jeder mitbekam, wie schlecht es meiner mutter ging. ihr
husten und röcheln ließ schon das schlimmste
befürchten.

mutter allerdings bestand darauf, dass das
fenster geöffnet blieb, und so war es dann
auch.

es war ungefähr zwei tage vor ihrem tod. ich
hielt sie fest, und sie musste wieder würgen,
obwohl sie so gut sie nur konnte versuchte, ihre übelkeit zu überwinden. ihr würgen
dauerte minutenlang an und wurde nur dadurch
unterbrochen, dass meine mutter mir signali-
sierte, ich solle den eimer anders, bzw. besser und vor allem richtiger halten.

und dann auf einmal hielt meine mutter inne.
sie wurde ganz still, schaute hoch, drehte
ihren kopf in richtung des fensters. es sah
so aus, als würde sie sich auf etwas konzen-

trieren. als würde sie, ja, als würde sie
hellhörig werden und lauschen.

auch ich wandte mich daraufhin in richtung
fenster und bemerkte erst dann, dass sich aus
der ferne zwei nachbarinnen von uns näherten,
um an unserem fenster vorbei zu ihrem haus zu
kommen. die beiden unterhielten sich. es ging
um eine bekannte meiner mutter. »ja und die
petra steht jetzt ganz alleine da, der gert
ist mit der ulla nach hamburg gezogen, von
einem tag auf den anderen.«
das waren die worte, die ich mitbekam, als
sie an unserem zimmer vorbeigingen. meine
mutter schien noch eine halbe minute länger
den beiden folgen zu können.
als die beiden frauen wirklich gar nicht mehr
zu hören waren, entglitt meiner mutter ein
kurzes verächtliches lachen, und dann röchel-
te sie weiter in den eimer, den ich noch immer
in den händen hielt.

ich fand das schon recht abgefahren. aber
selbst diese situation konnte meine mutter am
darauf folgenden tag noch toppen.

mein größter wunsch war es, während der fina-
len sterbephase nur nicht alleine mit meiner
mutter zu sein. irgendwie sperrte sich da alles in mir, wenn ich mir dies auch nur kurz
vorstellte.

so kam es, dass ich am nächsten morgen am bett
meiner mutter saß und ihr die hand hielt.
mittlerweile bekam sie morphium und war zeit-
weilig nicht mehr ansprechbar.

der lebensgefährte meiner mutter sah kurz he-
rein und teilte mit, er müsse schnell noch
zur bank, dann kam mein bruder und sagte,
er würde gerne kurz nachhause und nach seinen kindern sehen. meine cousine ging vor das
haus, um zu telefonieren, bis ich auf einmal
da saß und bemerkte: zum ersten mal, seitdem
es in die endphase gegangen war, bist du allein mit ihr und auch allein in der wohnung.
ich dachte: »na super, bei meinem glück passiert es jetzt.« und dann verwandelte sich
die ganze szenerie auf einmal in eine art
rosamunde-pilcher-film. ich hielt die hand
meiner mutter, vögel zwitscherten draußen
vor dem fenster, helle sonnenstrahlen fielen
ins zimmer, und es überkam mich diese ahnung,
dass es jetzt geschehen würde.

there is always
proof of existance
either in bottles,
in tears, in pain
or in small books
that remain, after
everything else
is gone

DADA PENG UND MAMA PENG

bevor sie starb, mit 2 männchen
die sich unterhalten und herzen
die vom himmel fallen

mir wurde sehr schwer ums herz. ich verabschiedete mich von dem gedanken, dass ich
mich um dieses erlebnis drücken könne und
sagte mir: »okay, das kriegen wir jetzt auch
noch hin.« mir kamen die tränen, und ich versuchte, gedanklich kontakt mit meiner mutter aufzunehmen: »mama, es ist so schön grad,
die vögel zwitschern, es ist ein ganz wunder-
voller morgen, die sonne strahlt ins zimmer.
wenn du jetzt gehen magst, dann mach das! es
ist alles okay, und wir zwei machen das jetzt
einfach.«
meine oma hatte mir am tage zuvor erzählt,
man erkenne einen akut sterbenden menschen
daran, dass um seinen mund herum alles blass
wird und er die augen verdreht. und genau das
geschah. ihr atmen wurde immer schwerer. hier
und da setzten kurze pausen ein.
und dann war da der moment, in dem ein atem-
aussetzer ewig schien. es war keine regung
mehr zu spüren, und ich wusste: jetzt ist es
passiert. es waren vielleicht auch nur zwei
oder drei sekunden, in denen diese absolute
stille herrschte, als dann urplötzlich meine
mutter ihren kopf zu mir herüberdrehte, mich
ansah und sagte: »ist die post schon da?«

ich brauchte einen moment, mich zu fangen, bis ich sie fragen konnte: »auf was für post wartest du denn?« daraufhin rieb sie nur den daumen und den zeigefinger ihrer rechten hand mehrfach aneinander und sagte: »ja ja hier ... moneten ... ich krieg noch geld von der krankenkasse.«

ich putzte mir die nase, wischte meine tränen fort und sagte: »nee, die post ist noch nicht da.« und ich dachte wirklich, will die mich verarschen?

aber ich liebe meine mutter für diese geschichte und freue mich darüber, dass du diese und auch all die anderen zuvor nun mit mir teilst. und sollten wir uns einmal in der u-bahn, in irgendwelchen kaschemmen oder auch in new york treffen, können wir darüber sprechen und zusammen lachen und weinen, gemeinsam neue geschichten erleben, um dann von ihnen zu erzählen.

wenn ich an _____ oder an meine eigene krankheit denke, dann waren das in allem
wahnsinn und kummer die drei schönsten und
lustigsten momente:

1.

_____

_____

_____

_____

_____

_____

_____

2.

_____

_____

_____

_____

_____

3.

was bleibt am ende meiner und deiner geschichten?

eigentlich ist das ganze doch recht spannend. da gibt es die, die vorangehen, und
uns, die zurückbleiben. eines tages sind aber
wir diejenigen, die vorangehen. was wäre der
tod ohne mysterium? ohne ein vorangehen und
zurückbleiben? der tod wäre dann nicht viel
mehr als ein einkauf im aldi. und was wäre,
wenn wir genau wüssten, dass wir nach dem tod
gemütlich im aldi sitzen, umsonst bier trinken und in der einen ecke würstchen gegrillt
würden? da bliebe man halt dort und ginge
einfach nicht nachhause, bis die, die zurück-
geblieben sind, auch in den aldi kämen.

der tod ist für uns ein unbekanntes land, in
das man irgendwann reisen muss. doch so schön
es auch sein mag, denen, die nicht mitreisen,
fehlt etwas.

vor 100, 200 jahren hatten die menschen ähnliche gefühle, wenn ein geliebter mensch von

hamburg nach amerika ging, von köln in die
schweiz, von würzburg nach athen.
dieses gefühl gibt es heute nicht mehr, weil
man sich anrufen kann, skypen und chatten.
hätte man das vor 200 jahren jemandem erzählt, er hätte es sicher nicht geglaubt. und
so gibt es dinge, die wir heute nicht glauben, nicht glauben können, die aber in 200
jahren wirklichkeit sein werden. was für eine
spannende reise das leben doch ist.

aber ganz sicher wird sich in 200 jahren die
trauer noch immer so anfühlen, wie sie es
heute tut und auch vor 200 jahren getan hat.
liebe wird noch immer das sein, was sie heute
zu sein vermag, und verbinden, was zueinander
gehört.

in meinen zeiten der trauer haben mich gedanken und gedichte, lieder und erfahrungsbe-
richte anderer menschen, die vor mir und mit

mir, neben mir und weit entfernt, das gleiche
erlebten und dabei ähnlich fühlten wie ich,
immer wieder aufgebaut, mir halt, kraft und
mut gegeben.

vielleicht ergeht es auch dir an dieser stelle so, während du »mein buch« zu deinem gemacht und es vollgeschrieben hast. wenn du
dir dein buch nun anschaust, so stehen darin
namen, tage, gefühle und wahrheiten, die vorher nicht zu lesen waren und die in keinem
anderen buch jemals so stehen werden.

bevor ich das, was ich in meiner zeit als
gedicht, als song aufschrieb, mit dir teilen möchte, kannst du, wenn du magst, auf
den folgenden seiten noch einmal zurückblicken und einen moment innehalten, dich und
das geschriebene anschauen und überlegen, wo
du jetzt stehst und was das erlebte, gelesene
und selbst geschriebene mit dir gemacht hat.

und so kämpfte sich die kleine
Zigarette wieder empor und rief:

"ICH WILL LEBEN!"

schreib mich voll, mein baby, mein schatz!

»zunächst möchte ich dir, als »dein buch vom leben und sterben« danken, dass du mich ganz gemacht hast, dich mir anvertraut hast und wir zwei somit verbunden sind und dein leben mir nun wie ein tattoo am leib klebt. danke.«

mir zeit zu nehmen, über das leben und sterben nachzudenken, hat mir ...

ich denke heute am   an   oder
an meine eigene vergänglichkeit und weiß ...

ich werde heute meine eigene existenz, das
gemeinsam erlebte mit _____ feiern, indem
ich ...

wenn ich am _____ mein buch vom leben und
sterben abermals in die hand nehme, möchte
ich sagen können:

heute am   denke ich über das sterben:

heute am   denke ich über das leben:

dada peng

gedichte

gedicht einz:
bedenke, dass du sterben wirst

dieses gedicht entstand im jahr 2000 nach einem workshop der hospiz-initiative, in dem
berichtet wurde, dass es einen mönchsorden
in asien gibt, in dem sich die mönche mit den
worten: »bedenke, dass du sterben wirst« tag-
täglich begrüßen.

bedenke dass du sterben wirst

nicht um in angst den tag zu begehen
sondern um nicht das wesentliche
aus den augen zu verlieren

bedenke dass du am ende alles verlierst

nicht um dich schnell noch am reichtum zu erfreuen
sondern um die zeit zu nutzen wahrhaftige schätze
zu sammeln

bedenke dass auch ich den gleichen weg gehen werde
und wir somit kameraden sind von jeher

bedenke dass du sterben wirst

nicht um der eigenen tat den sinn zu nehmen
sondern um den tag zu schätzen an dem du bist
an dem du frei bist ja zu sagen oder nein
frei zu bedenken oder nicht

diese zeilen entstanden an einem frühlingstag
in new york 2011. zur beerdigung meiner mutter habe ich sie dann vorgelesen.

und so sollte ich nicht wiederkehren
von da oder dort
sollte ich nicht mehr zurückkommen an diesen ort
so sagt doch allen
ich bin hier gewesen

denn wir haben geweint
und wir haben gelacht
ich habe all das mit euch gemeinsam gemacht
und nun musste ich schon gehen
mich von hier nach dort bewegen

aber das gehört nun mal dazu
ja auch das ist leben

und so sollte ich nicht wiederkehren
von da oder dort
sollte ich nicht mehr zurückkommen an diesen ort
so sagt doch allen
ich bin hier gewesen

wie dieses gedicht entstand, kann ich nicht mehr genau sagen. ich weiß, dass es irgendwann nach dem tod meines vaters im jahr 2000 gewesen sein muss. ich war enorm feinfühlig in dieser zeit und nahm sogar licht, gerüche und musik viel intensiver wahr, als ich es vorher getan hatte. auf jeden fall entstanden diese zeilen in real time, ich habe den stift einfach angesetzt, und im nächsten moment war es fertig, und ich wusste: ja, so wird es sein, wenn ich eines tages gehen werde.

silber wird glänzen auf meiner haut
und gold ist meiner seele wogen
perlen muten an in dieser stunde
und tränen fließen wie ein meer
und spiegeln der sonne glanz

das feuer tanzt und brennt nieder das wissen
der kuss umarmt den morgen
und gesang beschwingt die flügel

ein schein der nicht unwahr
aber rein

und weiß
und hell

so gehe ich ein in das reich
das in der mitte entspringt
und liegt zu füßen der berge
am horizont verborgen
im lichte versteckt
und unsichtbar strahlend für alle welt

so gehe ich ein
in meiner quelle
aus der ich entsprang

so gehe ich ein
und so werde ich sein
im angesicht der farben und klänge
der zeiten und gestürme

und ein jeder tut es mir gleich

somit sind wir eins
verbunden für alle Zeit

die lieder zu den songtexten und weitere gedichte, chansons und songs von dada peng zu
diesem buch findest du auf der cd
»meine songs vom leben und sterben« .

höre dir nun kostenlos die drei songs der folgenden songtexte an, während du weiterliest.
nutze entweder den direkten link per qr code
oder geh auf www.meinbuch.tv/freesongs.

musik hat mir immer geholfen zu überleben. das schreiben und die tatsache, mich durch dieses schreiben anderen menschen mitteilen zu können, ist mir ein großes geschenk. so entstanden auch zahlreiche chansontexte, die vom leben und sterben, vom vorangehen und zurückbleiben erzählen. das folgende lied entstand im jahr 2005. ich dachte daran, wie oft ich während meiner hospizzeit sehen musste, dass angehörige am sterbebett ihrer liebsten saßen und mit sätzen wie: »das wird schon wieder« hilflos versuchten, mit der situation fertig zu werden. ich stellte mir vor, wie ich mich in dieser situation verhalten wollte und schrieb den folgenden song. und dann kam jahre später, als meine mutter starb, doch alles ganz anders ...

mutter

ich könnte dir erzählen
was wir im nächsten jahr
an deinem geburtstag machen
dass wir noch dann über versaute witze lachen

dass polen nie überfallen und
dass mein leben das schönste von allen
dass der himmel voller tränen
und ich die deinen nicht erkannt
dass sich vater und israel versöhnen und
ich ein wunderschönes mädchen fand
ich könnte dir erzählen
dass du nochmal die berge siehst
und 13 romane und 4 artikel
über das leben und über die liebe liest

aber du und ich wir machen das nicht
wir rauchen eine letzte zigarette
und dann schau mir noch einmal ins gesicht

refrain
mutter du darfst sterben sterben heute nacht
du schuldest mir rein gar nichts
kein gesicht das mühsam lacht
mutter meine mutter du darfst gehen heute nacht
schließ einfach deine augen
dann ist es schon vollbracht

ich könnte dir erzählen
wir sehen uns wieder morgen früh
und am samstag da hab ich ein konzert in wien
wenn du magst dann komm doch einfach dorthin
das wird schon wieder glaube fest daran
halte hoch den kopf und sei standhaft wie ein mann

ich könnte schweigen ich könnte einfach gehen
ich müsste dir nicht zeigen dass ich weine,
dass wir zwei uns vorerst nicht mehr wiedersehen

aber du und ich, wir machen das nicht
wir rauchen eine letzte zigarette
und dann schau mir
noch einmal ins gesicht.

refrain wie oben

die folgende melodie begleitet mich schon
seit jahren. sie entstand 2007 eines sonntag-
nachmittags in berlin, allerdings fehlten mir
immer die rechten worte.

als udo starb, war ich gerade in japan. und
als ich dann zurückkam, hatte meine freundin bereits zugestimmt, alle lebenserhalten-
den maßnahmen einzustellen. die siutation im
krankenhaus selbst habe ich also nicht direkt
mitbekommen. auf jeden fall waren udo und ich
bis zu jenem tage aus einer gewissen distanz
heraus freundschaftlich verbunden. seine frau
war meine freundin, und er und ich sind uns
halt über diesen umweg begegnet. heute ist es
anders. heute sind wir uns nah, denn er hat
mir geholfen, die passenden worte für meine
melodie zu finden. jahrelang hatte sie in der
schublade direkt unter den socken geschlum-
mert …

strophe 1:
ich sehe dich dort sitzen
mein hemd in der hand
es ist voller blut
doch ich habs gleich erkannt
ich streiche dir leise
ganz sanft übers haar
und flüster dir zu
ja ich bin nicht mehr da
es wird nicht ganz leicht
und doch wird es gut
ich glaube an dich
an deine kraft
an deinen mut
du bist so viel stärker
so viel weiter als ich
darum ging ich voran
und du nicht

bridge:

wir beide haben etwas ausgemacht

wir haben einen pakt

du kannnst traurig sein

und schreien in jeder nacht

aber du wirst wieder glücklich sein irgendwann

so haben wir das ausgemacht

sonst wäre ich nicht vorangegangen

refrain:

ich bin nur gestorben

es war gar nicht schlimm

so wie ich geboren

ist es einfach geschehen

ich bin nur gestorben

und du warst bei mir

an jenem morgen

dafür danke ich dir

ich bin nur gestorben

sehr schwer war das nicht

ich schloss einfach die augen

und dann ging ich ins licht

strophe 2:
ich brauch keine blumen
ich brauch keinen thron
wenn du dich allem entsagst
da hab ich nichts von
ich wünsche dir ein leben
voller freude und glück
mit offenen armen
und lauter musik

bridge und refrain wie oben.

strophe 3:
aus dem tiefsten tal
entfacht ein feuer
und es brennt nur für dich
und aus der tiefsten nacht
entspringt ein fluss
und fließt
bis hin zu dir
mein schatz

refrain wie oben

diesen song schrieben mein pianist, jan giffhorn, und ich gemeinsam. jans klavierspiel
und seine kompositionen werden dir in meinen
songs immer wieder begegnen.
das lied handelt vom leben, von deinem und
meinem. denn niemand erlebt dasselbe. dein
leben gehört nur dir, und meins ist ganz nah
bei mir, und ich darf es behalten.
um das zu feiern, schrieben wir dieses lied.

als ich einmal am abgrund stand
beim aldi nicht die liebe fand
da kam ein mann an meine haut
und sagte sehr vertraut
verkaufe mir dein leben hier
beginne neu
ich gebe dir was du willst und mehr dafür
unterschreibe ganz einfach hier

doch dies hier ist mein leben
und das da ist mein land
an der ecke steht mein flehen
und mein hoffen ist der rand

dies hier ist mein leben
all das ist meine welt
das kann ich dir nicht geben
weil es mir wie es ist gefällt

an einem montag im april
da traf ich den herrn schmidt
er wischte meine tränen fort
und sagte komm nur mit
vergiss den tag vergiss die nacht
vergiss das was dich weinend macht
folge mir weit weg von hier
komm einfach mit durch diese tür

refrain wie oben

in einem alten u bahn-schacht
da hab ich gott gesehen
sie hat sogleich mein herz entfacht
und dann ließ sie mich stehen
sie rief mir zu für fünf mark zehn
darfst du mit mir weitergehen
lass alles was du bist zurück
folge mir
ich bin das glück

refrain wie oben
weil es mir wie es ist gefällt

und dann sagte gott okay
wenn du es so haben willst
dann sei es auch so
aber ich habe mein handy dabei
wenn irgendetwas ist
dann ruf mich einfach an

ein paar letzte worte

und nun haben wir eine ganze weile miteinander verbracht. ich, der in tokyo, köln, südafrika, new york, dortmund und überall gesessen hat, um dies hier zu schreiben und du, an all den orten, an denen du es gelesen hast. und so sind wir noch immer verbunden. ich finde, es gibt keinen schöneren weg der verbundenheit. keine liebesnacht kann da mithalten. zumindest keine, die ich bisher erlebt habe – aber vielleicht kommt sie ja noch.

dass du dieses kleine buch gelesen hast und nicht müde wurdest, weiter zu blättern, das bedeutet mir viel. und dafür möchte ich dir danken.

vielleicht hast du ähnliche erfahrungen gemacht, vielleicht stehen sie dir gerade bevor, vielleicht sehnst du dich einfach nur nach einer höheren instanz oder fragst dich, was eigentlich der sinn dieses lebens ist.

welche fragen auch immer dir auf der seele brennen und dich bewegen, ich wünsche dir

von ganzem herzen, dass du deine eigenen ant-
worten darauf findest, die niemand außer dir
verstehen muss.

wer auch immer du bist, der hellste stern am
himmel oder der letzte stein am ende einer
straße, ich wünsche dir, dass dir das beste
widerfahren mag, das dir im leben passieren
kann. und dass du, wenn dir dieser eine moment passiert, dieser moment, an dem du er-
kennst, jetzt geht es nicht mehr zurück, dass
du dann mit offenen armen loslaufen kannst.

vielleicht warte ich ja dann schon dort auf
dich, wer weiß. und zuletzt wünsche ich dir
auch immer ein glas chardonnay zur hand, eine
gute musik auf den ohren, und frischen tee
auf dem herd.

wenn wir uns sehen, werden wir uns erkennen.

bis dahin,

dadas liebste
bücher und cds

bücher:

iyanla vanzant: »one day my soul just opened up« (dieses buch ist ein fabelhaftes arbeitsbuch meiner lieblingsautorin. man kann mit ihm auf eine spannende reise zu sich selbst gehen. ich empfehle die englische originalversion. die deutsche übersetzung verliert an witz und ist auch von der aufmachung her nicht zu vergleichen.)

raymond a. moody: »leben nach dem tod« (die beschäftigung mit nahtoderlebnissen hat mich nach der begleitung meines vaters sehr fasziniert. in diesem buch erzählt ein medizinprofessor, der einmal für »klinisch tot« erklärt worden war, wie er sein eigenes sterben und totsein »erlebt« hat. der autor konnte rund 150 solcher »fälle« ausfindig machen.)

elisabeth kübler-ross: »über den tod und das leben danach« (elisabeth kübler-ross hat sich ihr leben lang mit dem thema »sterben« beschäftigt und einige ganz wundervolle bücher darüber geschrieben.)

rainer maria rilke: »hundert gedichte« (der name rilke war mir als kind immer sehr nah, da meine urgroßmutter »rilke oma« genannt wurde. als ich dann später rainer maria rilke und seine gedichte und schriften entdeckte, war ich wie benommen und sehr berührt. »du musst das leben nicht verstehen« habe ich oftmals wie ein mantra vor mir hergesprochen und es mich tragen lassen.)

cds:

deepak chopra: »a gift of love«

schönherz und fleer: »das rilke projekt«

various artists: »buddha bar«

danke

ich möchte mich von herzen bedanken:
bei meinem verlag und insbesondere bei meiner
lektorin christel gehrmann, die mich aus dem
spamfilter befreit und mir den professionel-
len schreibstift in die hand gedrückt hat. bei
angela, ohne die dieses buch so nie entstanden
wäre, bei david für die große unterstützung,
bei meinem bruder fürs »mein-bruder-sein« und
für aaron und amelie, bei tina für alle bis-
herigen gemeinsamen inkarnationen, bei meinen
freunden almut, mandy, kerstin, ina, birgit
»KLARA«, andy für all das, was uns verbindet,
bei meinem besten freund marco für die kons-
tanten anrufe, fürs gemeinsame fahrrad-klauen,
fürs gemeinsame träumen vorm fußballstadion und
für all das, was noch kommen mag. bei margret
und meiner hausgemeinschaft bianca, franceska
und engelbert für ein zuhause, bei jan und mo-
ritz für die gemeinsame musik, bei karin »bette
midler« für jeden einzelnen rat. thanx to jodi
and jenna for surviving high school together.
zu guter letzt bei meinen lieblingsturnschu-
hen, fürs marschieren, fürs tanzen und fürs so-
super-aussehen.ich danke euch allen.

» so this is
how it all
really ends «,

sagte whitney houston
und ging.

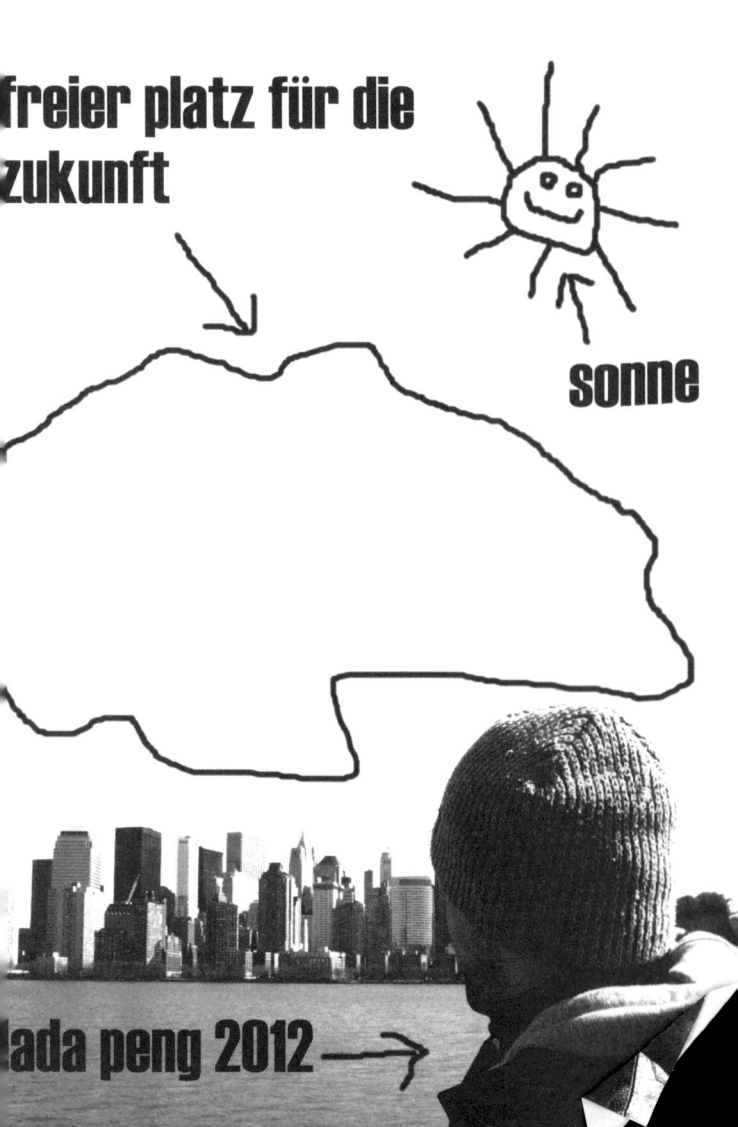

Bibliografische Information der Deutschen Nationalbibliothek

Die Deutsche Nationalbibliothek verzeichnet diese Publikation
in der Deutschen Nationalbibliografie; detaillierte bibliografische
Daten sind im Internet über https://portal.dnb.de abrufbar.

Verlagsgruppe Random House FSC-DEU-0100
Das für dieses Buch verwendete FSC-zertifizierte
holzfreie Werkdruckpapier liefert Cordier Spezialpapier,
Bad Dürkheim.

1. Auflage
Copyright © 2013 by Gütersloher Verlagshaus, Gütersloh,
in der Verlagsgruppe Random House GmbH, München

Coverfoto: © privat
Druck und Einband: CPI – Clausen & Bosse, Leck
Printed in Germany
ISBN 978-3-579-06634-9

www.gtvh.de